国家自然科学基金资助项目（71902054, 71801218, 72071075）
河南省高校科技创新人才项目（23HASTIT025）
河南省高等学校重点科研项目（22A630010）
河南省哲学社科规划项目（2022CJJ134）
河南省重点研发与推广专项软科学项目（222400410124）
湖南省自然科学基金资助项目（2020JJ4672）
湖南省科技创新计划资助（2022RC1241）

Joint Optimization of
Multi-commodity Supply-demand Pairing and Multi-vehicle Routing

多商品供需匹配与多车辆路径联合优化研究

徐东洋　王建江◎著

中国经济出版社
CHINA ECONOMIC PUBLISHING HOUSE
·北 京·

图书在版编目（CIP）数据

多商品供需匹配与多车辆路径联合优化研究 / 徐东洋，王建江著 . --北京：中国经济出版社，2022. 12

ISBN 978-7-5136-7202-3

Ⅰ. ①多… Ⅱ. ①徐… ②王… Ⅲ. ①物流-车辆调度-最优化算法-研究 Ⅳ. ①F252. 1

中国版本图书馆 CIP 数据核字（2022）第 253296 号

策划编辑　崔姜薇
责任编辑　张　博
责任印制　马小宾
封面设计　任燕飞装帧设计工作室

出版发行　中国经济出版社
印 刷 者　河北宝昌佳彩印刷有限公司
经 销 者　各地新华书店
开　　本　710mm×1000mm　1/16
印　　张　11
字　　数　200 千字
版　　次　2022 年 12 月第 1 版
印　　次　2022 年 12 月第 1 次
定　　价　78. 00 元
广告经营许可证　京西工商广字第 8179 号

中国经济出版社 **网址** www. economyph. com **社址** 北京市东城区安定门外大街 58 号 **邮编** 100011
本版图书如存在印装质量问题，请与本社销售中心联系调换（联系电话：010-57512564）

前言
Preface

车辆路径问题(Vehicle Routing Problem, VRP)由Dantzig和Ramser于1959年首次提出，它是指一定数量的客户，各自拥有不同数量的货物需求，一个车队由配送中心出发为客户送货，如何设计合理的车辆运输路径使得所有客户需求被满足，以达到诸如行程最短、成本最小、耗时最少等目标。该问题在城市物流配送、车间工件加工排产、公共交通路线制定等多个领域具有广泛前景，因此车辆路径问题及其变种一直是学术界和企业界关注的热点。

众多生产、零售企业为了拓展市场，纷纷建立多个生产、分销网络，以服务区域型客户。对一些生产企业而言，生产原料需在多个生产厂进行储备，而产品由多种原料混合加工而成，将产生原料在各分厂转运的常见调拨问题。对于一些零售企业而言，市场结构的差异，导致商品在各分店销售水平不同，当分店中某些商品的当前库存持有量低于实际需求水平时应进行补货操作，对高于实际需求的商品应取走以补充其他分店的短缺，因此产生了各分店相互补货的商品调拨问题。此类调拨问题属于多商品供需未匹配(多对多)取送货车辆路径问题。

供需未匹配取送货车辆路径问题是传统车辆路径问题的复杂变种，可描述为：物流网络中有若干客户点，每个客户点供应一些商品的同时，还需求一些其他种类的商品，即每种商品同时存在多个供应和需求客户，针对每种商品的供需匹配关系事先未知(供需未匹配)的情况，需要研究如何以较低的运输成本在客户间取送货来满足所有客户需求。

该问题不仅需要考虑客户间的访问路径决策，还需考虑客户间的商品供需匹配决策。

基于不同企业或企业不同运营阶段的优化需求不同，本书分别探讨三种不同情景下的多商品供需未匹配取送货车辆路径问题。主要研究成果如下：

(1)探讨单车场、单车型、单次访问条件下的多商品供需未匹配取送货车辆路径问题。综合考虑多商品、单车场、单车型和取送货需求可分批次等因素建立改进的数学优化模型，并推导了有效不等式来加强模型，采用改进的变邻域搜索算法求解。实验结果表明：①改进的模型需要较少的决策变量和约束，且在性能上优于文献中已有的模型；②提出的有效不等式显著地提高了模型的性能；③改进的算法在较短时间内能够对所研究的问题获得最优解或近似最优解，在求解质量、时间和稳定性上相对已有文献更具有优势。

(2)探讨多车场、多车型、单次访问条件下的多商品供需未匹配取送货车辆路径问题。综合考虑多商品、多车场、多车型和取送货需求可分批次等现实因素，尝试以“运距×运量”的车辆路径成本和基于额定吨位的固定派车成本之和最小为优化目标，建立混合整数数学规划模型，并设计基于大规模邻域搜索的迭代局部搜索求解算法。该算法采用基于运输效率提升的贪婪思想来快速构建高质量初始可行解，并通过引入四种移除算子、两种修复算子和车场车型调整优化策略形成大规模可行搜索邻域以增强全局寻优能力。基于18个文献算例和6个企业实例的数值实验结果表明：①本书提出的算法在求解质量和求解效率方面均优于相关文献中的算法；②相对于人工调拨方案，本书设计的方案能够帮助企业节约33%的运输成本和21%的车次。

(3)探讨多车场、多车型、多次访问条件下的多商品供需未匹配取送货车辆路径问题。综合考虑多商品、多车场、多车型和取送货需求可任意分批次等现实因素，以“运距×运量”的运输成本最小为优化目标，建立混合整数优化模型，设计两阶段启发式求解算法。该算法采用基于运输效率提升的贪婪思想来构建初始可行解，通过变邻域搜索来改善初始解质量。基于6组企业实例的实验结果表明：①考虑运输效率的初始解构建具有明显优势；②本书设计的算法在求解能力和效率方面优于相关文献中的算法；③相对于人工调拨方案，本书设计的方案能够帮助企业节约38%的运输成本及25%的车次。

总体而言，本书研究成果不仅可拓展取送货车辆路径问题现有理论，而且可帮助企业提高调拨效率，降低调拨成本，进而为其生产运营提供更有力的决策支持与指导。

目录
Contents

1 绪论

1.1 选题背景及研究意义

1.1.1 选题背景

在全球化背景下，随着工厂间合作生产和企业间并购的日益盛行，分布式制造成为一种常见的生产方式(Srai et al.，2016)。分布式制造可以充分利用多个企业或工厂的资源，通过资源的合理配置、优化组合和共享，实现以合理的成本快速生产产品。目前，不仅传统产业(如汽车、飞机、烟草等)，而且新兴产业(如半导体、生物医学设备、电子等)，都越来越多地采用分布式制造的生产模式(Helu et al.，2020)。

我国中部某烟草公司每年卷烟生产原料调拨费用高达几千万元，调拨成本长期居高不下成为该公司面临的困境。其下属 8 家卷烟生产厂位于不同城市，该公司目前还未设立原料中心仓库，原料采购后就近存放于各工厂，即每家工厂持有若干种一定数量的生产原料库存。每种卷烟品牌(共十几种)由上百种原料混合加工而成，分散式生产及仓储布局导致生产原料在各工厂间频繁调拨。该公司生产计划以月为周期且提前 30 天下达，各工厂接到生产任务后，结合当地合作运输公司的运力，在提前期内自行制定原料调拨方案以满足其生产需求。目前，该公司采用的就近送货制为：工厂 1 需求一定数量的某种原料 m 时，先将需求信息发送给离其最近的工厂 2，工厂 2 派车将原料运送到工厂 1，然后空载返回。若工厂 2(供应有限)不能充分满足工厂 1 的需求，则工厂 1 按就近原则依次联系其他工厂送货，直至其需求得到充分满足。

在此模式下，原料调拨决策权分散于各个工厂。一方面，每个工厂通常仅从自身角度出发，制定单批次需求的局部最优供需匹配策略，即各工厂仅根据自身需求向距离最近的工厂请求原料供应。另一方面，针对单批次需求，每个工厂仅从自身利益出发考虑局部最优运输路径决策，没有站在公司的角度考虑整个运输网络的最优路径规划，运输路径安排不合理。此外，缺乏针对多工厂需求的集中调度措施，从而导致车辆高频空载、运输资源严重浪费。为解决所面临的物流困境，该烟草公司希冀成立一个物流管控部门(物流中心)，在资源整合和集中决策下，通过构建联合最优的工厂间原料供需匹配决策和访问路径决策来制定全局最优的原料调拨方案，以此提高运输资源利用率及原料调拨效率，进而降低原料运输成本。

连锁零售行业存在类似的调拨优化问题。例如，在服装连锁店的运营中，新品上市后，通常总店会在各家连锁分店布置一定的库存以快速响应客户需求、增加销售机会。然而，当新品销售一段时间后，某些分店(畅销地区)不可避免地因为尺码或颜色等出现缺货情况，而一些其他分店仍持有较高库存(销售不佳地区)。在实际运营中，当客户预购买的商品出现缺货时，此分店通常采用向距离自己最近的其他分店调货(就近调货)的方式来尽快满足客户的需求。显然，这种调货模式没有考虑其他分店的商品需求情况，所考虑的商品供需匹配决策及调货路径决策均为局部最优，缺乏全局视角下联合决策的考量。最好的调货模式是在各商店出现断货之前，总公司从全局的角度对各商店中的商品库存进行重新布局，以避免缺货的发生。

以上调拨优化问题在学术上可定义为多商品供需未匹配取送货车辆路径问题。当前针对该问题的研究主要集中在共享单车系统中的单车重新布局(Raviv et al., 2013; Chemla et al., 2013; Dell'Amico et al., 2014; Forma et al., 2015)和多港口间石油运输(Andersson et al., 2011; Hennig et al., 2012a, 2012b; Agra et al., 2013, 2014, 2015; Siddiqui and Verma, 2015)上。在共享单车系统中，每个站点存放一定数量的单车，客户根据自己的需求可以在任意站点骑走，使用结束后根据自身的便利性选择相应的站点进行归还。一段时间后，当前系统中有些站点的单车数量就不能满足客户的日常实际需求，而有些站点的单车数量则远远大于客户的日常实际需求。因此，需要在各站点间安排单车转运以提高其利用率。而在石油制造系统中，通常在海上多个港口进行，每个港口只生产一种或几种规格的原油，而石油是由多种不同规格的原油混合炼制而成的，因此，为了顺利生产炼制，通常需要在各炼油厂之间转运不同规格的原油以满足每个炼油厂的需求。

本书针对以上所面临的物流优化问题，基于不同企业或企业不同运营场景的优化需求，分别考虑不同的约束条件和优化目标，对具体优化问题进行提炼并加以研究，通过建立数学优化模型和设计优化算法获得相应的调拨优化方案。本书研究成果不仅可拓展取送货车辆路径问题的现有理论，而且可帮助企业提高物流效率，降低物流成本，进而为其生产运营提供重要的决策支持与指导。

1.1.2 研究意义

(1)理论意义

本书对多商品供需未匹配取送货车辆路径问题进行了深入研究，基于是否多车场、多车型、允许多次访问，分别探讨了单车场、单车型、单次访问条件下的多商品供需未匹配取送货车辆路径问题，多车场、多车型、单次访问条件下的多商品供需未匹配取送货车辆路径问题，多车场、多车型、多次访问条件下的多商品供需未匹配取送货车辆路径问题。理论创新如下：

取送货车辆路径问题在多点调拨系统中普遍存在，属于 NP-hard 问题。该问题研究时通常需考虑车场数、车型种类、商品种类、客户服务次数等诸多因素，已有文献多假设客户间供需已匹配、单商品和取送货需求一次性满足，优化目标多设置为总路径最短。而从企业运营实践来看，运输方案不仅要规划客户间访问路径，还需进行客户间供需匹配；运输成本不仅与运距有关，还涉及运输货品的重量和派车成本；运输网络中多商品更加常见，且客户需求量往往大于车辆装载能力。因此，本书首次尝试以“运距×运量”的车辆路径成本和基于额定吨位的固定派车成本之和最小为优化目标，建立同时考虑多商品、允许多次访问、客户间供需未匹配和需求取送货车辆路径问题模型，并基于问题特性分析，设计了不同的启发式求解算法，验证了其求解文献中相关问题和企业实际问题的良好表现。研究成果可有益拓展现有取送货车辆路径问题理论，同时为其他相关问题的研究提供理论借鉴。

(2)现实意义

多商品供需未匹配取送货车辆路径问题来源于企业实际的物流需求。针对不同企业实践运营中所面临的多点间商品调拨优化场景，细化约束条件和优化目标，提炼出具体的优化问题。构建量化的数学模型，通过设计高效的启发式算法来求解大规模实例；通过相关文献中的算例和企业的实际算例，验证模型的有效性和求解算法的高效性。将有关理论模型和优化算法研究成果，结合管理经验，转化为可操作的智能管理方法，帮助企业有效降低物流成本及提高物流效率，为企业生产运营提供科学决策支持。此外，同时优化供需匹配关系和车辆路径的调拨方案符合企业进行集中决策和系统分析的发展趋势，可帮助相关企业推进物流集成化、智能化与精益化建设，进而提升其核心竞争力。

1.2 国内外研究现状

自从 Dantzig 和 Ramser(1959)提出并定义了车辆路径问题(VRP)，此问题就一直是研究的热点。Campbell 等(2002)、Moin 和 Salhi(2007)、Bertazzi 等(2008)、Liu 等(2011)和 Sluijk 等(2022)分别对 VRP 的研究成果进行了总结与归纳。当前文献中与本课题相关的 3 个问题分别是供需未匹配(客户间供需匹配关系未知)取送货车辆路径问题、分批取送货车辆路径问题、允许多次访问取送货车辆路径问题。故本章接下来对这 3 个问题已取得的相关研究成果进行归纳与总结。

1.2.1 供需未匹配取送货车辆路径问题研究现状

当前文献关于供需匹配关系事先已知的取送货问题的研究较多(Toth and Vigo，2002；Lin et al.，2011；Pandelis et al.，2013；Parragh and Schmid，2013；Simonin and Sullivan，2014；Masmoudi et al.，2016)。在此类问题中，网络中各客户点之间的供需匹配关系事先已确定，即任意两点之间需转运的产品类型及数量已确定。相对于此类问题，供需匹配关系事先未知的取送货车辆路径问题为节约运输成本提供了机遇，因为后者相对于前者松弛了网络中各客户点之间已固定的供需匹配关系，使网络中各客户点之间的供需匹配关系变成一个决策，因此可以通过寻找更好的供需匹配关系来获得更好的运输方案，进而降低运输成本。最近几年，供需匹配关系未知的取送货车辆路径问题吸引了众多学者(Battara et al.，2014)的目光。接下来，笔者将对文献中关于此类问题的研究进行分类与归纳。

1.2.1.1 单车情况下供需匹配关系未知的取送货车辆路径问题

单车运输情况下的供需匹配关系未知的取送货车辆路径问题在当前文献中被称作取送货旅行商问题(Pickup and Delivery Traveling Salesman Problem，PDTSP)，以运输网络中的产品类型数目分以下两种情况来讨论：

(1)单产品

单产品取送货旅行商问题(1-PDTSP)是经典旅行商问题(TSP)的扩展，Hernández-Pérez 和 Salazar-Gonzalez(2004a)引进了此问题。在此问题中所有的客户点根据需求类型不同(送货需求或取货需求)划分为两个不同的团体。每个有送货需求的客户点通常需求一定数量的产品，每个有取货需求的客户点可以供应一定数量的产品，且每个有取货需求的客户点可以向任何一个有送货需求的客户点提供任何数量的产品。目标是如何设计一个运输成本最小的产品调运方案，在满足车容量约束的前提下，通过访问每个客户点一次来满足客户点的需求。此问题普遍存在于多个现实行业中，比如在银行系统中，对各个支行之间的现金存量重新分配(Hernández-Pérez and Salazar-Gonzalez，2004a)；在共享单车系统中，对各站点之间自行车库存重新布局(Chemla et al.，2013)。针对该问题，Hernández-Pérez 和 Salazar-Gonzalez(2004a)建立了 0-1 整数线性规划模型，并提出了一个分支—切割算法来求解该问题；Salazar-Gonzalez(2004b)提出了两个启发式算法：一个是基于提高 k-optimality 的贪婪算法，另一个是基于分支—切割进程的局部最优算法；Hernández-Pérez 和 Salazar-Gonzalez(2007)改进了 CVRP 中的有效不等式并提出了一些新的有效不等式和一个分支—切割算法，实验结果表明，所提出的算法如果使用新的有效不等式能够求解 100 个客户点的算例，否则只能够求解 50 个客户点的算例；Hernández-Pérez 等(2009)提出了一个 GRASP 和 VND 的混合算法，并把计算结果与 Hernández-Pérez 和 Salazar-Gonzalez(2004b)的结果做比较，对比结果表明 Hernández-Pérez 等(2009)所提出的算法具有明显的优势；Zhao 等(2009)提出了一个遗传算法，该算法能够对 500 个客户点的算例求得最优解；Mladenović 等(2012)提出了一个变邻域搜索算法，该算法能够对文献中客户点数为 200~500 的标准算例提供更好的解；Chemla 等(2013)提出了一个嵌入禁忌搜索的分支—切割算法来改善问题的上界；Ho 和 Szeto(2014)提出了一个迭代的禁忌搜索算法；Vogel 等(2014)提出了一个嵌入大邻域搜索的元启发式算法；Ho 和 Szeto(2014)提出了迭代的禁忌搜索算法；Kadri 等(2016)提出了一个分支定界算法。Erdǒgan 等(2015)、Salazar-Gonzalez 和 Santos-Hernández(2015)探索了允许多次访问每个客户点的情况，其中 Salazar-Gonzalez 和 Santos-Hernández(2015)只研究允许每个客户点最多被访问 2 次和 3 次的情况。为了求解该规模问题，Pal 和 Zhang(2017)提出了一个大邻域搜索算法，Cruz 等(2017)提出了一个迭代局部搜索算法，Hernández-Pérez 等(2018)提出了基于分支—切割的变邻域搜索算法。

(2)多产品

Hernández-Pérez 和 Salazar-Gonzalez(2014)引进了多产品取送货旅行商问题(m-PDTSP)。在该问题中，运输网络中有多种产品，任何一种产品的供应客户点都可以向任何需求该种产品的客户点供应任何数量的产品。他们提出了一个混合整数线性规划模型，讨论了经典的分解技术，提出了一些有效不等式及一系列分离算法来提高线性松弛规划模型的性能。实验结果表明，所提出的分支—切割算法能够求解 30 个客户点，3 种产品的算例。紧接着，Hernández-Pérez 等(2016)针对此问题提出了一个三阶段的混合启发式算法，并基于随机产生的算例检验了此算法的性能。Li 等(2016)基于共享单车系统，对多种类型的自行车重新布局问题提出了混合遗传算法，实验结果表明，此算法在较短时间内能够对所研究的问题提供高质量的解。Lu 等(2019)探索了基于随机禁忌阈值的种群算法。

1.2.1.2　多车情况下供需匹配关系未知的取送货车辆路径问题

多车运输情况下的供需匹配关系未知的取送货车辆路径问题在当前文献中被称作取送货车辆路径问题(Pickup and Delivery Vehicle Routing Problem，PDVRP)。相对于 PDTSP，文献中关于此问题的研究较少，同样分以下两种情况来讨论：

（1）单产品

Shi 等（2009）首次引进单产品取送货车辆路径问题（1-PDVRP）。自从 Raviv 等（2013）通过探索共享单车系统中的自行车重新布局问题（Bike Rebalancing Problem in the Sharing System，BRP），研究了 1-PDVRP，最近两年，针对此问题的相关研究较多。Rainer-Harbach 等（2013）针对此问题提出了一个变邻域搜索算法，并基于现实中的算例做了一系列实验分析。Dell'Amico 等（2014）提出了 4 个不同的混合整数规划模型和一系列标准算例。Angeloudis 等（2014）提出了一个被称作重新构建匹配关系的（repair）算法。Forma 等（2015）提出了一个三阶段启发式算法。Rainer-Harbach 等（2015）提出了一个变邻域搜索算法。Dell'Amico 等（2016）提出了一个被称作破坏后重新构建匹配关系（Destroy and Repair）的元启发式算法，该算法能够对文献中的算例求出更好的解。Di 和 Urli（2016）建立了一个新颖的模型，实验结果表明，所提出的分支定界精确算法和大邻域搜索启发式算法均优于当前文献中的算法。Kadri 等（2016）探索了一个分支—定界算法。Gaspero 等（2016）提出了一个大邻域搜索算法，Alvarez-Valdes 等（2016）提出了一个分配算法。Kloimüllner 和 Raidl（2017）提出了一种基于 Benders 分解的分支—检查算法。Bulhões 等（2018）提出了一个基于拓展数学模型的分支—切割算法。You 等（2019）提出了一个两阶段启发式算法。Casazza 等（2021）设计了一个基于路径分解的分支—定价算法。

（2）多产品

Chen 等（2014）通过考虑单次访问和无限供应（每个供应客户点的产品供应量无限大）引进了多产品取送货车辆路径问题（m-PDVRP），其所提出的变邻域搜索算法在 1800 秒内能够为所研究的问题提供高质量的解。本书所研究的问题是 Chen 等（2014）的多次访问和有限供应的扩展，这些扩展使本书所研究的问题更复杂但更接近现实。Li 等（2019）限定每个客户有且仅被访问一次，提出了分支定价切割求解算法。Xu 等(2017)通过考虑“取货需求允许被不同或同一车辆拆分满足”和“仅不同种类商品的送货需求允许被不同或同一车辆拆分满足”对该问题的研究进行了扩展，所提出的禁忌搜索算法可对 10 个客户、5 种商品的算例求出最优或近似最优解。徐东洋等(2020，2021)考虑多车场和多车型对该问题的研究进行扩展，并分别提出了迭代局部搜索算法和变邻域搜索算法。

1.2.2 分批取送货车辆路径问题研究现状

基于企业实际需求，取送货车辆路径问题一直受到广泛关注(Dumas et al.，1991；Røpke et al.，2006；Røpke and Cordeau，2009；Pelikán and Fábry，2012；Yu and Liu，2014；Wang et al.，2015；Kalayci and Kaya，2016)。众所周知，允许分批送货和允许分批取货为企业节省运输成本提供了机遇。接下来依次总结文献中关于分批送货车辆路径问题、分批取货车辆路径问题及分批送取货车辆路径问题的研究现状。

1.2.2.1 分批送货车辆路径问题

分批送货车辆路径问题(Split Delivery Vehicle Routing Problem，SDVRP)，是指允许客户点的需求通过多次投放来满足，相对于经典 VRP，它为降低运输成本和节约运输车辆提供了机遇。Dror 和 Trudeau(1989)首先提出了可分批送货车辆路径问题，即在经典 VRP 的基础上，允许每个客户点的需求分批满足。他们提出了两阶段搜索的启发式算法。实验结果表明，允许需求分批满足，相对于需求一次性满足的情况节约了将近 14%的运输成本且需要较少的车辆来完成运输任务。紧接着，Dror 等(1990，1994)、Frizzell 和 Griffin(1992)、Sierksma 和 Tijssen(1998)、Belenguer 等(2000)、Archetti 等(2006a，2008，2014)、Chen 等(2007)、Jin 等(2007，2008)、谭家美和徐瑞华(2008)、Derigs 等(2009)、孟凡超等(2010)、Archetti和 Speranza(2012)、Wilck IV 和 Cavalier(2012a，2012b)、Silva 等

(2015)对此问题做了相关研究。其中，Dror 等(1990)提出了混合整数线性规划模型，验证了 SDVRP 是一个 NP-难题，且只要运输距离满足三角不等式原则，被分批满足的客户点就不可能出现在最优解的不同路线中。Frizzell 和 Griffin(1992)提出了 3 种构建式启发式算法。Dror 等(1994)提出了几类新的有效约束，并通过实验验证了选择合适的约束组合可以获得更紧的上下界。Sierksma 和 Tijssen(1998)提出了一个基于列生成(Column Generation)的启发式算法。Belenguer 等(2000)提出了新的建模方法，对此问题的解空间进行了探索。Archetti 等(2006a)首次提出了客户点分批送货的定义与概念，即服务一个客户点实际车辆数多于服务该客户点所需的最小车辆数。例如，车辆的容积为 1 个单位，针对需求量为 3.6 个单位的客户点，如果使用 5 辆车或更多的车来满足该客户点的需求，那么此客户点被称作分批送货。Chen 等(2007)首先对当前阶段 SDVRP 的应用背景、模型和求解算法等相关研究进行了总结，然后通过结合整数规划和禁忌搜索提出了一个新的启发式算法。Archetti 等(2008)通过一系列实验验证了当网络中客户点之间的需求量差别较小且平均需求量刚刚超过车容量的一半时，分批送货所节约的运输成本最大。Jin 等(2007)提出了一个基于有效不等式的两阶段算法，实验结果表明，该算法优于文献中已有的精确算法。Jin 等(2008)提出了一个列生成算法。谭家美和徐瑞华(2008)基于蚁群算法原理设计了相应的优化算法。Derigs 等(2009)提出了基于局部搜索的元启发式算法。孟凡超等(2010)提出了禁忌搜索算法，通过数值实验，同样得到允许客户点需求分批满足可以降低运输成本、减少所需车辆数和提高车辆装载率的结论。Archetti 和 Speranza(2012)回顾了 SDVRP 的数学模型、主要特性、求解算法研究。另外，文献对 SDVRP 的衍生问题进行了总结。Wilck IV 和 Cavalier(2012a)提出了一个构建式启发算法，并基于 32 个标准算例与文献中的列生成方法和两阶段方法做比较，实验结果表明，所提出的构建式启发算法优于这两个方法，且能够为其他启发式算法或精确算法提供较好的初始可行解。他们还提出了一个混合遗传算法。Archetti等(2014)基于两个松弛模型提出了两个精确算法，针对4类标准算例做了实验，实验结果表明所提出的方法能够对17个新算例求得最优解。Silva等(2015)通过考虑波动机制提出了反复迭代的局部搜索算法。该算法能够改善文献中324个标准算例中的243个算例的解质量。解的质量最大提高了2.81%，平均提高了1.15%。随着对SDVRP研究的相继深入，出现了SDVRP的几个变种。

(1)考虑时间窗约束的SDVRP(SDVRPTW)

Frizzell和Griffin(1995)通过考虑客户点的送货时间要求，引进了SDVRPTW，并首先提出了一个构建式启发算法来获得初始解，然后提出了两个启发式算法来改善初始解的质量。接下来，Mullaseril等(1997)提出了构建式启发算法；Ho和Haugland(2004)用100个客户点的算例来检验所提出的禁忌搜索算法的效果；Gendreau等(2006)提出了分支定界(Branch-and-Bound)算法；Desaulniers(2010)、Salani和Vacca(2011)提出了分支定价切割(Branch-price-and-Cut)算法。Archetti等(2011)采用禁忌搜索算法求解子问题，提出有效不等式，引进新的分离算法进而设计了更强的分支定价切割算法；Yan等(2015)提出了两阶段求解算法，并通过求解现实中的问题验证了所提出算法的有效性。McNabb等(2015)检验了局部搜索对问题求解的影响。

(2)考虑最少投货量约束的SDVRP(SDVRP-MDA)

Gulczynski等(2010)通过考虑最小投货量约束研究了SDVRP-MDA。他们基于文献中标准的VRP和SDVRP算例来验证所提出的启发算法的效果。针对此问题，Han和Chu(2016)提出了基于多个初始解的变邻域搜索方法，基于文献中的32个标准算例和4个不同标准的最小取货量做了一系列测试，测试结果表明，所提出的算法能够对128个算例中的43个算例获得更好的解。

(3)考虑多车场的 SDVRP(MDVRP)

Gulczynski 等(2011)引入了多车场情况下的分批送货车辆路径问题(MDSDVRP),并提出了基于整数规划的启发式算法来求解该问题。此外,他们还分析了在相同车场允许分批送货和不同车场允许分批送货所减少的运输成本情况。针对此问题,Ray 等(2014)研究了一个更有效的模型和算法;Wang 等(2016)研究了每个客户点都有特定服务时间限制的情况,并设计了相应的启发式算法。该算法除了能够对文献中的 37 个标准算例获得当前最好解,还能够对其他 21 个新算例提供近似最优解。

(4)考虑多商品的 SDVRP(MCSDVRP)

据笔者所知,只有 Archetti 等(2015)、Moshref-Javadi 和 Lee(2016)研究了多商品分批送货车辆路径问题(Multi-Commodity Vehicle Routing Problem with Split Delivery, MCSDVRP)。其中,Archetti 等(2015)在研究分批送货时考虑了商品类型限制,即限制只有当客户需求多种不同商品时才允许分批送货,同种商品不允许分批送货。所提出的分支定价切割算法在 2 小时内能够求解 40 个客户点、3 种商品的算例。Moshref-Javadi 和 Lee(2016)相对于 Archetti 等(2015)松弛了商品类型限制,提出了两个混合整数规划模型,并通过改进文献中的模拟退火和变邻域搜索算法设计了相应的启发式算法。

1.2.2.2 分批取货车辆路径问题

在分批送货研究的基础上,Lee 等(2006)研究了一个分批取货车辆路径问题(Vehicle Routing Problem with Split Pick-ups, VRPSP),在该问题中,网络有许多客户点和唯一的车场(depot),每个客户点向车场供应一定数量的产品,每个客户点所供应的产品允许分批取货,目标是如何安排成本最小的运输方案使所有客户点供应的产品运送到车场。Nowak 等(2008)分析并验证了允许分批取货能够为取送货车辆路径问题节省运输成本和运输车辆。另外,他们通过数值实验验证了分批取货所带来的利益大小与取货数量、取货点和送货点之间的运输成本及在同一客户点取送货的频繁程度密切相关。紧接着，Nowak 等(2009)基于现实中的算例，探索了允许分批取货所带来的利益大小与客户平均取货量、取货点相对送货点的数量、取货点和送货点的聚集程度的关系。实验结果表明，当客户点的平均取货量恰好超过车容量的一半时，允许分批取货带来的利益最大。Nowak 等(2012)研究了带优先顺序约束的 VRPSP，即在访问任何送货点之前必须访问所有的取货点。Lai 等(2015)基于集装箱运输研究了一个类似的问题。Flisberg 等(2009)基于卡车在森林伐木操作的优化路径需求研究了此类问题。Korsvik 等(2011)和 Andersson 等(2011)在海上运输系统中对现货分批运输做了研究。Mar - Ortiz 等(2013)以搜集浪费的电子设备(Waste of Electric and Electronic Equipment，WEEE)为背景对此问题做了研究。Oncan 等(2011)研究了一个一对一取送货的 VRPSP，并提出了一个分支—切割(Branch-and-Cut)算法。进一步，Sahin 等(2013)针对 Oncan 等(2011)所研究的问题提出了一个禁忌搜索和模拟退火的混合启发式算法。Wang 等(2013)研究了一个带时间窗约束的 VRPSP，并提出了线性规划模型和混合启发式算法。

1.2.2.3 分批送取货车辆路径问题

当前文献关于分批送取货车辆路径问题(Vehicle Routing Problem with Split Deliveries and Pickups，VRPSDP)的研究相对较少，Mitra(2005)通过探索一个回程车辆路径问题(Vehicle Routing Problem with Backhauling，VRPB)研究了此问题。在 VRPB 中，需要用一系列车辆把一些产品从车场运送到各个客户点，然后再把各个客户点中剩余的产品运送到车场，每个客户点的取货和送货请求允许分批满足。显然，此问题属于 VRPSDP。针对此问题，Mitra(2005)首先提出了混合整数线性规划模型和路径构建启发式算法；Mitra(2008)提出了一个并行集群技术(parallel clustering technique)来构建路径；杨亚璪等(2010)设计了一个三阶段启发式算法；王科峰等

(2011)通过实例验证了允许分批送取货车辆路径问题和不允许分批送取货车辆路径问题在最优解的结构和性质上存在差异。Hennig 等(2012)基于原油运输背景研究了此问题，并提出了列生成算法。Izuno 等(2012)、Asefeh 和 Reza(2012)、Wang 等(2014)针对此问题提出了包含初始解算法和混合算法的两阶段启发式算法。杨鹏等(2015)、Nagy 等(2015)为更好地理解此问题，对该问题的精确求解算法和启发式求解算法进行了深度分析。Pelikan(2015)为此问题提供了新的数学模型并证明了此问题是 NP-难题。

1.2.3 允许多次访问取送货车辆路径问题研究现状

从车辆路径的角度来看，本书研究问题高度复杂的主要原因是考虑了“多次访问”。由于“多次访问”给车辆路径规划带来了很大挑战，因此，在取送货车辆路径问题的相关领域中，考虑“多次访问”的研究相对较少。通过查阅相关文献可知，考虑“多次访问”取送货车辆路径问题的研究几乎集中在海上路径规划问题(Maritime Routing and Scheduling Problem，MRSP)。Mckay 和 Hartley(1974)受美国军方的邀请研究了如何优化国防燃料供应中心向分布在不同地区的军队运输石油的问题，进而提出了海上路径规划问题。此问题从此受到许多学者的关注，如 Miller(1987)、Dror 和 Ball(1987)、Bausch 等(1991)。接下来，对文献中允许多次访问的取送货车辆路径问题的研究进行分类与总结。

1.2.3.1 允许多次访问带库存约束的取送货车辆路径问题

针对海上路径规划问题，考虑库存约束的研究较多，此类问题在文献中被称作海上库存路径问题。接下来分两种情况来讨论：

(1)单产品

Christiansen 和 Nygreen(1998a)研究了单产品的海上库存路径问题，在此运输网络中，有些港口生产氨，有些港口消耗氨，生产和消耗速率恒定，每个港口的取货或送货操作必须在特定时间内进行，每个生产港口可以向任何其他消耗港口提供任何数量的氨，每个港口在计划周期内允许被相同或不同车辆访问多次，目标是设计一个总成本最小的运输方案，使得各港口的需求得到满足。他们针对此问题提出了一个数学规划模型和一个嵌入分支定界的列生成方法。紧接着，Christiansen 和 Nygreen(1998b)提出了一个路线流模型。Christiansen(1999)研究了类似的问题，不同之处在于限制每个港口最大被访问次数和非同质的运输船只，并提出了一个弧流模型。Song 和 Furman(2010)通过考虑日常变化的生产速率和消耗速率扩展了 Christiansen(1999)的研究成果。Engineer 等(2012)通过考虑轮船停靠时间，生产速率随时间变化、消耗速率随时间变化、库容随时间变化等，研究了一个更普遍的单产品海上库存路径问题。Agra 等(2013a)探索了两个离散时间模型。Papageorgiou 等(2014)对文献中单产品海上库存路径问题的研究进行了回顾。Jiang 和 Grossmann(2015)提出了几个可替代的混合整数线性规划模型。Mirzaei 和 Seifi(2015)研究了综合考虑运输成本、库存成本及滞销成本的情况，所提出的模型能够精确求解小规模问题，所提出的元启发式算法对大规模问题能够提供较好的解。

(2)多产品

Al-Khayyal 和 Hwang(2007)以液态气体运输为背景引入了多产品的海上库存路径问题，通过把每艘轮船隔成多个不同的舱来运输不同的产品。考虑同质的船只，允许每个港口被相同或不同的轮船访问多次。目标是在计划周期内设计一个总运输成本和装卸成本最小的路径规划方案。他们先建立了一个混合整数非线性规划模型，然后提出了一个等价的混合整数线性规划模型。由于所研究的问题很复杂，他们并没有设计求解算法，只是借助优化软件 CPLEX 用小规模算例来验证问题求解难度随“访问次数”的增加呈指数增长。针对同样的问题，Siswanto 等(2011)研究了不隔舱的情况。针对水泥工业中存在的类似问题，Christiansen 等(2011)提出了一个嵌入构建式启发的遗传算法。Agra 等(2013b)探索了一个近海原油分配问题并提出了几个混合整数规划模型。Agra 等(2014)针对 Agra 等(2013b)的问题提出了一个混合启发式算法。Agra 等(2015)通过考虑随机航行和停靠时间进一步扩展了 Agra 等(2013b)的研究工作。Hemmati 等(2016)同样基于近海运输研究了类似的问题，提出了一个两阶段的混合启发式算法，并基于小规模算例，把此混合算法与文献中的精确算法做了比较。

1.2.3.2 允许多次访问不带库存约束的取送货路径规划问题

Hennig 等(2012a)研究了原油运输路径规划问题，该问题可以看作允许多次访问不带库存约束的取送货车辆路径问题。它与海上库存路径问题类似，不同之处在于此问题研究运输时不考虑生产，不考虑库约束。因此在此问题中，网络中每个港口针对每种产品的供应信息和需求信息都是确定的。他们的研究以原油提炼行业为背景，网络中各个港口生产不同规格的原油，一些港口只供应一种规格的原油，另一些港口可以供应多种规格的原油。在每个港口取货或送货需在特定的时间窗内进行。他们建立了此问题的线性规划模型，并提出了路径生成算法来求解小规模问题。紧接着，Hennig 等(2012b)针对此问题提出了嵌套的列生成算法来求解更大规模的问题。Hennig 等(2015)比较了两个可替代的路线流模型。Siddiqui 和 Verma(2015)研究了每个港口有多个时间窗约束的情况，并提出了复合粒子群算法。实验结果表明，此算法优于简单的粒子群算法和遗传算法。针对类似问题，De 等(2015)建立了一个鲁棒性较好的数学模型并提出了一个分支定界算法。De 等(2016)探索了以操作成本和运输风险成本为双目标的情况，并提出了复合粒子群算法。

1.2.4 取送货车辆路径问题求解算法研究现状

1.2.4.1 分批取送货车辆路径问题求解算法

(1)启发式算法

针对分批送货车辆路径问题(SDVRP)，Dror 和 Trudeau(1989)、Yan

等(2015)提出了两阶段启发式算法；Frizzell 和 Griffin(1992，1995)、Mullaseril 等(1997)、Wilck IV 和 Cavalier(2012a)提出了构建式启发算法；Sierksma 和 Tijssen(1998)提出了一个基于列生成的启发式算法；Chen 等(2007)、Ho 和 Haugland(2004)、孟凡超等(2010)提出了禁忌搜索算法；谭家美和徐瑞华(2008)基于蚁群算法思想设计了启发式算法；Gulczynski 等(2011)提出了基于整数规划的启发式算法；Wilck IV 和 Cavalier(2012a)提出了一个混合遗传算法；Silva 等(2015)、McNabb 等(2015)提出了反复迭代的局部搜索算法；Han 和 Chu(2016)提出了基于多个初始解的变邻域搜索算法；Moshref-Javadi 和 Lee(2016)基于文献中的模拟退火和变邻域搜索设计了启发式求解算法。

针对分批取货车辆路径问题(VRPSL)，自从 Nowak 等(2008)研究了启发式算法，Korsvik 等(2011)探索了大邻域搜索算法；Mar-Ortiz 等(2013)提出了贪婪式随机自适应搜索(Greedy Randomized Adaptive Searching Procedure，GRASP)算法；Sahin 等(2013)提出了一个禁忌搜索和模拟退火相结合的启发式算法；Lai 等(2015)研究了一个自适应启发式算法。

针对分批送取货车辆路径问题(VRPSDP)，Mitra(2005)和 Mitra(2008)提出了路径构建启发式算法；杨亚璪等(2010)提出了三阶段启发式算法；Izuno 等(2012)、Asefeh 和 Reza(2012)、Wang 等(2014)提出了两阶段混合启发式算法。

(2)精确算法

针对 SDVRP，Dror 等(1990，1994)和 Gendreau 等(2006)探索了分支定界算法；Belenguer 等(2000)提出了一个切平面算法(cutting plane algorithm)；Jin 等(2007)基于有效不等式设计了两阶段求解算法；Jin 等(2008)提出了列生成算法；Desaulniers(2010)、Salani 和 Vacca(2011)、Archetti 等(2011)和 Archetti 等(2015)提出了分支—切割算法。

针对 VRPSL，Lee 等(2006)基于最短路径思想设计了动态规划算法；

Nowak 等(2012)提出了一个前向搜索的最短路径算法；Andersson 等(2011)提出了一个分支定界算法；Oncan 等(2011)提出了一个分支—切割算法。

1.2.4.2 供需匹配关系未知的取送货车辆路径问题求解算法

(1)启发式算法

针对单车、单产品的情况，Salazar-Gonzalez(2004b)提出了两个启发式算法：一个是基于提高 k-optimality，另一个是基于分支—切割进程的局部最优；Hernández-Pérez 等(2009)提出了 GRASP 和 VND 的混合启发式算法；Zhao 等(2009)提出了一个遗传算法；Mladenović等(2012)提出了一个广义的变邻域搜索算法；Ho 和 Szeto(2014)提出了一个反复迭代的禁忌搜索算法；Vogel 等(2014)提出了一个嵌入大邻域搜索的元启发式算法。针对单车、多产品的情况，Hernández-Pérez 等(2016)设计了一个三阶段的混合启发式算法；Li 等(2016)设计了一个混合遗传算法。针对多车、单产品的情况，Rainer-Harbach 等(2013)提出了一个变邻域搜索算法；Angeloudis 等(2014)和 Dell'Amico 等(2016)提出了重新构建匹配关系的元启发式算法；Forma 等(2015)提出了一个三阶段启发式算法；Di 和 Urli(2016)探索了一个大邻域搜索算法。针对多车、多产品的情况，Chen 等(2014)提出了变邻域搜索算法。

(2)精确算法

针对单车、单产品的情况，Hernández - Pérez 和 Salazar - Gonzalez(2004a，2007)、Chemla 等(2013)、Erdŏgan 等(2015)、Salazar-Gonzalez 和 Santos-Hernández(2015)探索了分支—切割算法；Kadri 等(2016)提出了一个分支定界算法。针对单车、多产品的情况，Hernández-Pérez 和 Salazar-Gonzalez(2014)提出了分支—切割算法。针对多车、单产品的情况，Raviv 等(2013)、Di 和 Urli(2016)探索了分支定界算法；Dell'Amico 等(2014)提出了一个分支—切割算法。

1.2.4.3 允许多次访问的取送货车辆路径问题求解算法

(1)启发式算法

针对单产品、带库存约束的情况，Song 和 Furman(2010)提出了一个基于优化的启发式算法(an Optimization Based Heuristic Method)；Mirzaei 和 Seifi(2015)提出了一个基于模拟退火和禁忌搜索的元启发式算法。针对多产品、带库存约束的情况，Siswanto 等(2011)提出了一系列贪婪启发式算法；Christiansen 等(2011)提出了一个嵌入构建式启发的遗传算法；Agra 等(2014)提出了混合启发式算法；Hemmati 等(2015)提出了一个被称作 ICGR(Iterative Cargo Generating and Routing)的启发式算法；Hemmati 等(2016)提出了改进的大邻域搜索算法。针对不带库存约束的情况，Siddiqui 和 Verma(2015)、De 等(2016)提出了复合粒子群启发式算法。

(2)精确算法

针对单产品、带库存约束的情况，Christiansen 和 Nygreen(1998a, 1998b)、Christiansen(1999)提出了嵌入分支定界的列生成方法；Engineer 等(2012)探索了一个分支定价切割算法；Jiang 和 Grossmann(2015)提出了一个分支定界算法。针对多产品、带库存约束的情况，Al-Khayyal 和 Hwang(2007)、Agra 等(2013b)提出了分支定界算法；Agra 等(2015)提出了列生成算法。针对不带库存约束的情况，Hennig 等(2012a, 2012b)提出了嵌套的列生成算法。

1.3 本书整体研究思路

在对企业调研的基础上，本书根据不同企业的实际优化需求，分别提炼出单车场、单车型和单次访问条件下多商品供需未匹配取送货车辆路径问题，多车场、多车型和单次访问条件下多商品供需未匹配取送货车辆路径问题，多车场、多车型和多次访问条件下多商品供需未匹配取送货车辆路径问题，并分别对3个子问题加以研究。研究如何把原问题抽象成数学模型，设计出适应企业需求的高效启发式算法。根据客户实际需求，提出运输方案，该方案包括如何安排车辆路径和车辆到达每个客户点装载或卸载每种商品的数量。在总结国内外分批取送货车辆路径问题、供需未匹配取送货车辆路径问题和允许多次访问取送货车辆路径问题相关研究的基础上，结合图论等方法，从企业实际运营特征入手，建立数学模型，设计启发式求解算法。

首先，对单车场、单车型、单次访问的多商品供需未匹配取送货车辆路径问题进行研究，从多个角度建立数学模型，借助于所建立的模型研究问题的特性，提出有效不等式，通过数值实验来验证所提出的模型及不等式对所研究问题和文献中相关问题的有效性。

其次，在已有成果的基础上，研究多车场、多车型、单次访问的多商品供需未匹配取送货车辆路径问题，提出符合企业实际需求的启发式算法，借助于优化软件CPLEX和问题特性来获得高质量的问题下界，通过数值实验来验证所提出的算法求解所研究问题的实例和文献中相关问题算例的效果。

最后，在上述研究成果的基础上，基于所研究问题的特性及文献中相关问题的研究成果，设计求解多车场、多车型、多次访问条件下的多商品供需未匹配取送货车辆路径问题的启发式算法；通过数值实验来验证所提出的算法并求解企业实例和文献中相关问题的效果。

1.4　本书整体结构与主要研究内容

全书共分为6章，本书整体结构和主要内容简述如下：

第1章，绪论。阐述选题背景及研究意义、国内外研究现状、本书整体研究思路、本书整体结构与主要研究内容、本书特色与创新。

第 2 章，研究理论基础。系统总结和归纳与本书研究问题相关的研究理论，主要为车辆路径规划理论。

第 3 章，单车场单车型单次访问条件下多商品供需未匹配取送货车辆路径问题模型与算法。首先，以总运输成本最小化为目标，以车辆最大装载量限制、车辆最大工作时间限制、装卸平衡限制等为约束构建混合整数线性规划模型。其次，基于对问题特性的分析，提出了一系列有效不等式来加强模型。最后，通过嵌入多个初始可行解、整合高效邻域结构和探索更灵活搜索机制，提出了改进的变邻域搜索算法以快速获得高质量的可行解。另外，通过数值实验验证了所提出的模型和不等式对本书的研究问题及文献中相关问题的有效性。

第 4 章，多车场多车型单次访问条件下多商品供需未匹配取送货车辆路径问题模型与算法。以“运距×运量”的车辆路径成本和基于额定吨位的固定派车成本之和最小为优化目标，建立同时考虑多车场、多车型、多商品、客户间供需未匹配和需求可拆分的取送货车辆路径问题模型，并设计基于大规模邻域搜索的迭代局部搜索求解算法。最后，通过数值实验验证了所提出的启发式算法求解本书的研究问题和文献中相关问题的良好表现及明显优势。

第 5 章，多车场多车型多次访问条件下多商品供需未匹配取送货车辆路径问题模型与算法。以“运距×运量”的运输成本最小为优化目标，建立混合整数优化模型，设计两阶段启发式求解算法。该算法采用基于运输效率提升去污贪婪思想来构建初始可行解，通过变邻域搜索来改善初始解质量。最后，通过数值实验验证了所提出的算法求解本书的研究问题和文献中相关问题的良好表现及明显优势。

第 6 章，总结与展望。总结本书所取得的研究成果，阐述相应的理论贡献和管理启示，并讨论将来可进一步研究的主要方向。

1.5 本书特色与创新

创新点1：综合考虑基于运距、运量的运输成本，从不同视角建立并比较了多商品供需未匹配取送货车辆路径问题的线性规划模型。

在当前文献中，供需未匹配取送货车辆路径问题的研究集中于单商品、供需匹配关系事先已知的情况(Archetti et al.，2008；Archetti and Speranza，2012；Wilck IV and Cavalier，2012a，2012b；Archetti et al.，2014；Silva et al.，2015，et al.)；供需未匹配取送货车辆路径问题的研究集中于单商品、单次访问、单车场和单车型的情况(Hernández-Pérez and Salazar-Gonzalez，2004a，2004b，2007；Hernández-Pérez et al.，2009；Zhao et al.，2009；Mladenović et al.，2012；Ho and Szeto，2014；Lei and Ouyang et al.，2018)；允许多次访问的取送货车辆路径问题的研究集中于取送货时间窗约束、库存约束的情况(Christiansen and Nygreen，1998a，1998b；Christiansen，1999；Al-Khayyal and Hwang，2007；Engineer et al，2012；Agra et al.，2015；Reil et al.，2018)。基于企业的实际优化需求，本书分别考虑多车场、多车型、允许多次访问、多商品、客户间供需匹配关系事先未知等因素研究取送货车辆路径问题。通过数值实验验证了本书所提出模型的有效性。

创新点2：提出了一系列有效不等式来提高模型的性能。实验表明，本书提出的有效不等式能显著帮助模型获得最优解或高质量的下界，验证了所提出的不等式对本书问题和文献中相关问题的有效性。

创新点3：针对多车场、多车型、单次访问的多商品供需未匹配取送货车辆路径问题及多车场、多车型、多次访问的多商品供需未匹配取送货车辆路径问题，设计了高效的启发式求解算法，借助于优化软件CPLEX设计了问题下界求解方法，验证了所提出算法的良好表现及明显优势。实验结果表明，本书所提出的启发式算法在较短时间内能够为所研究问题和文献中的相关问题提供最优解或近似最优解，且所提出的算法在求解质量、求解时间和稳定性方面均优于相关文献中的算法。

2

研究理论基础

车辆路径问题（VRP）由 Dantzig 和 Ramser 于 1959 年提出，由于其在工业原材料和成品运输、废品收集、车间工件加工、公共汽车路线制定等多个领域具有广阔前景，所以该问题自诞生起一直是学术界和企业界关注的热点。

随着企业应用的实际需求，该问题逐步演化出不同的变种和分类。

以优化目标分类主要包括：以运输成本最小为优化目标的车辆路径问题（施天娇等，2020；南丽君，2021；崔巍等，2021）、以运输距离最短为优化目标的车辆路径问题（余海燕等，2021）、以运输时间最短为优化目标的车辆路径问题（芦娟等，2019）、以使用车辆数最小为优化目标的车辆路径问题（王勇等，2019）、以利润最大化为优化目标的车辆路径问题（鲁建厦等，2021）、以车辆周转时间最短为优化目标的车辆路径问题（李文霞等，2020）、以客户满意度最大为优化目标的车辆路径问题（张瑾等，2020）、以运输距离和使用车辆数之和最小为优化目标的车辆路径问题（骆正山等，2005；周晓晔等，2020；庞燕等，2020；范厚明等，2020；马龙等，2021）、以行驶距离和碳排放量之和最小为优化目标的车辆路径问题（唐慧玲等，2019；李晶等，2020）。

以车型分类主要包括：单车型车辆路径问题（刘丞等，2013；夏扬坤、符卓，2018；马冰山等，2019；方文婷等，2019）、多车型车辆路径问题（郭海湘等，2017；王旭坪等，2019；赵志学等，2020；徐东洋，2021）。

以车场分类主要包括：单车场车辆路径问题（王明阳等，2012；Chen

et al.，2014；尚春剑等，2021；修睿等，2021）、多车场车辆路径问题（Xu et al.，2012；Contardo et al.，2014；Li et al.，2015；徐东洋等，2020）。

以访问次数分类主要包括：单次访问车辆路径问题（Hernández-Pérez and Salazar-Gonzalez，2007；Zhao et al.，2009；Mladenović et al.，2012；Hernández-Pérez et al.，2016；Lu et al.，2019；Xu et al.，2020）、多次访问车辆路径问题（Christiansen and Nygreen，1998a；Hennig et al.，2012a；Siddiqui and Verma，2015；Hemmati et al.，2016；Xu et al.，2017；徐东洋等，2020）。

以任务性质分类主要包括：送货车辆路径问题（Dror and Trudeau，1989；Yan et al.，2015；Archetti et al.，2015；Han and Chu，2016；Wang et al.，2016）、取货车辆路径问题（Lee et al.，2006；Oncan et al.，2011；Nowak et al.，2012；Wang et al.，2013）、取送货车辆路径问题（马艳芳等，2018；张烜荧等，2021）。

以时间窗分类主要包括：带硬时间窗车辆路径问题（殷亚等，2017；陈子根等，2018；余海燕等，2020）、带软时间窗车辆路径问题（符卓等，2017；李博威等，2020；Li et al.，2020）。

以需求信息分类主要包括：需求确定车辆路径问题（Pop et al.，2013；Kourank and Hejazi，2015；范厚明等，2020）、需求不确定车辆路径问题（Sungur et al.，2008；侯玲娟等，2011；李嫚嫚等，2018；李国明等，2019）。

本书主要介绍以下 6 种常见的带容量限制的车辆路径问题（CVRP）。

2.1 带容量限制的车辆路径问题

（1）问题描述及假设

CVRP 是指：配送网络中有一系列客户点 $j \in \{1, 2, \cdots, n\}$ 及相应需求量(d_j)，如何安排一个车队的运输路径访问这些客户点，在满足车辆最大装载量等约束条件下，使得总运输成本最小。CVRP示意图如图2.1所示。

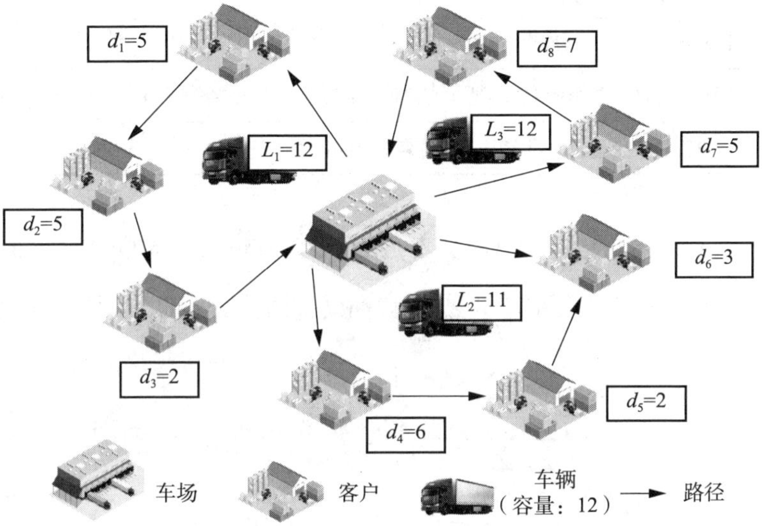

图 2.1　CVRP 示意图

该问题研究一般考虑的假设如下：

①所有车辆同质，即具有相同的最大装载量、最大工作时间和车速。

②车辆从配送中心出发，完成任务后返回配送中心。

③每个客户有且仅被访问一次。

④在每个客户点的投货时间忽略不计。

(2)数学模型

模型中的变量及其含义如表2.1所示。

表 2.1　模型中的变量及其含义

变量	含义
N	表示顶点集合，$N=\{0, 1, \cdots, n\}$，其中0表示配送中心，其他顶点表示客户点
d_j	表示客户j的货物需求量

续表

变量	含义
V	表示可用车辆集合，$V=\{0, 1, \cdots, K\}$
Q	表示车辆最大装载量
c_{ij}	表示从顶点 i 行驶到顶点 j 的运输成本
x_{ij}^k	0~1 变量，若车辆 k 从顶点 i 直接行驶到顶点 j 为 1，否则为 0
u_i^k	非负实数变量，表示车辆 k 访问客户 i 的次序

$$\min z = \sum_{i \in N} \sum_{j \in N, j \neq i} \sum_{k \in V} c_{ij} x_{ij}^k \tag{2.1}$$

$$\sum_{i \in N} x_{0i}^k = 1, \quad \forall k \in V \tag{2.2}$$

$$\sum_{i \in N} x_{i0}^k = 1, \quad \forall k \in V \tag{2.3}$$

$$\sum_{k \in V} \sum_{i \in N} x_{ij}^k = 1, \quad \forall j \in N \setminus \{0\} \tag{2.4}$$

$$\sum_{i \in N} x_{ij}^k - \sum_{i \in N} x_{ji}^k = 0, \quad \forall j \in N \setminus \{0\}, \ k \in V \tag{2.5}$$

$$\sum_{j \in N} d_j \sum_{i \in N} x_{ij}^k \leqslant Q, \quad \forall k \in V \tag{2.6}$$

$$u_i^k - u_j^k - n x_{ij}^k \leqslant n-1, \quad \forall i \in N \setminus \{0\}, \ j \in N \setminus \{0\}, \ k \in V \tag{2.7}$$

$$x_{ij}^k \in \{0, 1\}, \quad \forall i \in N, \ j \in N, \ k \in V \tag{2.8}$$

$$u_i^k \geqslant 0, \quad \forall i \in N, \ k \in V \tag{2.9}$$

式(2.1)表示目标函数，最小化运输成本。式(2.2)和式(2.3)表示派出车辆从配送中心出发，完成任务后返回配送中心。式(2.4)表示每个客户点有且仅被访问一次。式(2.5)表示车辆流平衡约束。式(2.6)表示车辆访问所有客户的装载量不能超过其最大允许装载量。式(2.7)表示子回路消除约束。式(2.8)表示 0-1 路径决策变量。式(2.9)表示客户访问次数决策变量。

(3)求解算法

饶卫振等(2014)提出了一种快速改进贪婪算法，基于贪婪算法思想设计了求解 CVRP 的贪婪算法，在此基础上进一步采用 K-d Tree 法和 Held Karp 模型改进算法的求解效率和求解质量。Bouzid 等(2017)针对 CVRP，以最小化路径成本为优化目标建立整数规划模型，并提出一种拉格朗日分解(Lagrangian Split，LS)与变邻域搜索(Variable Neighbourhood Search，VNS)相结合的混合算法进行求解。Altabeeb 等(2019)提出了一种改进萤火虫算法，加入了两种改进局部搜索策略，加快了解的收敛与搜索到的解的质量。Yuliza 等(2019)对石油气分销路线进行研究，建立 CVRP 模型并采用分支—定界算法进行求解。张景玲等(2020)提出一种基于强化学习的超启发算法，使用强化学习策略中的深度 Q 神经网络(Deep Q Network)算法提升初始解的质量，使用模拟退火的接受准则以获得高质量解。Altabeeb 等(2019)提出了改进的混合萤火虫算法。Lin 等(2019)提出了混合遗传算法。Kun 等(2021)提出了一种自适应大邻域搜索(ALNS)算法用于求解装箱问题。夏小云等(2021)提出一种基于大邻域搜索的人工蜂群优化算法，采用算子区别应用机制、仔细侦察蜂机制、更新策略宽松机制优化算法，充分发挥了自适应大邻域搜索的局部搜索能力和人工蜂群算法的探索能力。马艳芳等(2021)提出两阶段启发式算法求解两级容量有限车辆路径优化模型：第一阶段设计改进的遗传—模拟退火算法增强全局搜索能力，采用轮盘赌选择机制结合精英保留策略保留优秀个体，部分匹配交叉算子结合自适应交叉率维持种群多样性，Metropolis 准则以一定概率接受较差解。第二阶段是使用精确方法求解配送路径。Hao 等(2022)提出了一种基于相关性矩阵的进化算法，利用相关性矩阵设计了一种基于关联矩阵的多样性保持策略，以提高算法效率和获得解的质量。季彬等(2022)研究带二维装箱约束的车辆路径问题，构建了混合整数线性规划模型，提出基于分支定价的方法，针对分支节点的松弛模型，基于列生成策略进行问题划分，并提出基于 ng-route 松弛策略的标签算法和基于禁忌搜索的装箱算法有效求解复杂子问题。在精确求解算法方面，Lysgaard 等(2004)提出了分支—切割算法，Fukasawa 等(2006)提出了分支定价切割算法，Ibrahim 等(2020)提出了分支—切割和列生成算法。

2.2 带时间窗限制的车辆路径问题

(1)问题描述及假设

带时间窗限制的车辆路径问题(VRPTW)是指：配送网络中有一系列客户点$j \in \{1, 2, \cdots, n\}$、需求量($d_j$)及相应送货时间窗[$e_j$, l_j]。如何安排一个车队的运输路径访问这些客户点，在满足车辆最大装载容量和访问时间窗等约束条件下，使得总运输成本最小。VRPTW 示意图如图 2.2 所示。

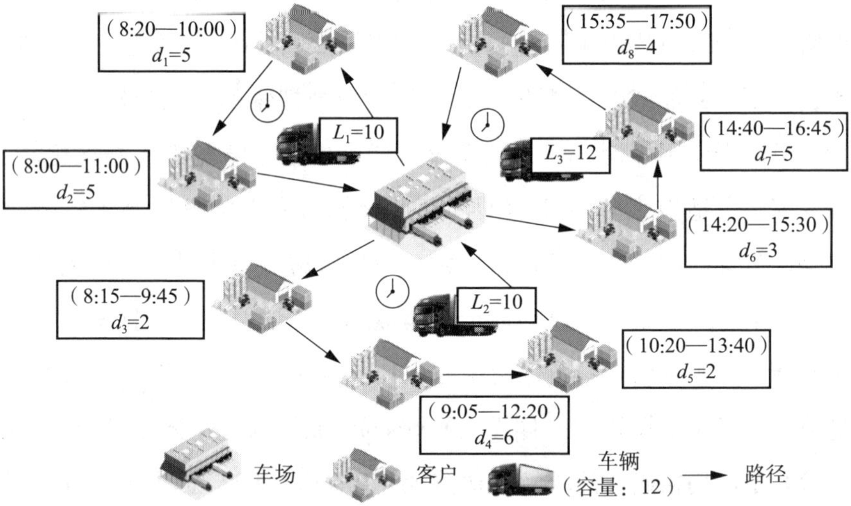

图 2.2 VRPTW 示意图

该问题研究一般考虑的假设如下：

①所有车辆同质，即具有相同的最大装载量、最大工作时间和车速。

②车辆从配送中心出发，完成任务后返回配送中心。

③每个客户有且仅被访问一次。

④在每个客户点的投货时间忽略不计。

(2)数学模型

模型中的参数和变量如表2.2所示。

表2.2 模型中的符号及解释

变量	含义
N	表示顶点集合，$N=\{0, 1, \cdots, n\}$，其中0表示配送中心，其他顶点表示客户点
d_j	表示客户j的货物需求量
V	表示可用车辆集合，$V=\{0, 1, \cdots, K\}$
Q	表示车辆最大装载量
c_{ij}	表示从顶点i行驶到顶点j的运输成本
t_{ij}	表示从顶点i行驶到顶点j的运输时间
e_i	表示客户i的最早服务时间要求
l_i	表示客户i的最晚服务时间要求
M	辅助参数，表示一个较大的正整数
x_{ij}^k	0~1变量，若车辆k从顶点i直接行驶到顶点j为1，否则为0
a_i^k	非负实数变量，表示车辆k到达客户i的时间

$$\min z = \sum_{i\in N}\sum_{j\in N,\ j\neq i}\sum_{k\in V} c_{ij}x_{ij}^k \tag{2.10}$$

$$\sum_{i\in N} x_{0i}^k = 1,\quad \forall k \in V \tag{2.11}$$

$$\sum_{i\in N} x_{i0}^k = 1,\quad \forall k \in V \tag{2.12}$$

$$\sum_{k\in V}\sum_{i\in N} x_{ij}^k = 1,\quad \forall j \in N\setminus\{0\} \tag{2.13}$$

$$\sum_{i\in N} x_{ij}^k - \sum_{i\in N} x_{ji}^k = 0,\quad \forall j \in N\setminus\{0\},\ k \in V \tag{2.14}$$

$$\sum_{j\in N} d_j \sum_{i\in N} x_{ij}^k \leqslant Q,\quad \forall k \in V \tag{2.15}$$

$$e_i \leqslant a_i^k \leqslant l_i,\quad \forall i\in N,\ k\in V \tag{2.16}$$

$$a_i^k + t_{ij} - a_j^k + Mx_{ij}^k \leqslant M,\quad \forall i\in N,\ j\in N\setminus\{0\},\ k\in V \tag{2.17}$$

$$x_{ij}^k \in \{0, 1\},\quad \forall i\in N,\ j\in N,\ k\in V \tag{2.18}$$

$$a_i^k \geqslant 0, \quad \forall i \in N, \ k \in V \tag{2.19}$$

式(2.10)表示目标函数，最小化运输成本。式(2.11)和式(2.12)表示派出车辆从配送中心出发，完成任务后返回配送中心。式(2.13)表示每个客户点有且仅被访问一次。式(2.14)表示车辆流平衡约束。式(2.15)表示车辆访问所有客户的装载量不能超过其最大允许装载量。式(2.16)表示每个客户必须在其规定的时间窗内得到服务。式(2.17)表示客户 i 和客户 j 之间的服务时间关系。式(2.18)表示 0~1 路径决策变量。式(2.19)表示客户访问时间决策变量。

(3)求解算法

Ursani 等(2011)基于交互式局部优化框架，设计了一种局部遗传算法。王征等(2013)以顾客时间窗偏离程度最小化和配送成本最小化为目标建立了数学规划模型，借助于多目标遗传算法进行测算，并给出算法的实时化处理方法，提高了干扰事件发生后的问题处理效率。孟祥虎等(2014)提出混合种群增量学习求解算法。Luo 等(2015)提出混合蛙跳求解算法，该算法的优势是提出了一种基于改进和扩展的具有可选择移动算子的 EO 算法的邻域搜索方法。柴获等(2016)提出混合单变量边缘分布求解算法，改进了基本概率模型，提高了全局搜索能力。戚远航等(2018)提出了离散蝙蝠算法，引入了随机插入策略、最少客户车辆插入搜索、普通插入搜索、交换搜索、带时间窗的 2-Opt 搜索等策略来扩大搜索空间以提升算法的收敛速度。Gocken 和 Yaktubay(2019)提出了遗传算法。Zhang 等(2020)提出了混合多目标进化算法。Bogue 等(2020)以车辆数和总行驶距离最小化为优化目标，提出了基于可变邻域搜索的列生成算法和后优化启发式算法。李楠等(2021)以最小化总成本为优化目标，构建基于模糊可信性理论的模糊机会约束规划模型，并提出一种两阶段混合优化算法。张晓楠等(2021)设计了一种混合 Memetic 算法，基于客户时间窗升序排列的混合插入法构造初始种群，在单点交叉和简化变邻域搜索基础上引入邻域半径减少策略，提高搜索效率。在精确求解算法方面，Ticha 和 Absi(2017)提出了分支—定价算法，Sun 等(2018)提出了一种基于分支—定价的精确求解方法，引入列生成算法及路径枚举方法。高远等(2022)在 VRPTW 模型的基础上建立了带有非线性潮汐时间窗约束的支线船舶路径规划模型，在分析问题特性的基础上将问题分解为主问题和子问题，并设计了列生成求解算法。

2.3 需求可拆分车辆路径问题

(1)问题描述及假设

需求可拆分车辆路径问题(SDVRP)是指：配送网络中有一系列客户点 $j \in \{1, 2, \cdots, n\}$ 及相应需求量(d_j)，每个客户点的需求允许分批满足，如何安排一个车队的运输路径访问这些客户点，在满足车辆最大装载量等约束条件下，使得总运输成本最小。SDVRP 示意图如图 2.3 所示。

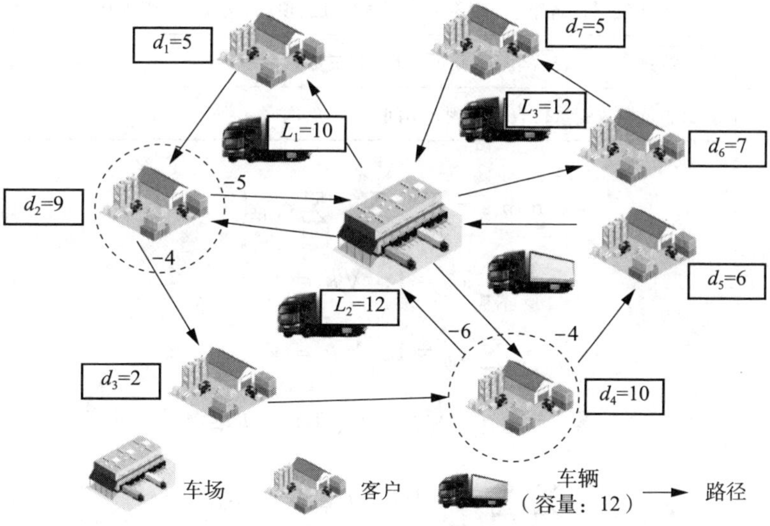

图 2.3 SDVRP 示意图

该问题研究一般考虑的假设如下：

①所有车辆同质，即具有相同的最大装载量、最大工作时间和车速。

②车辆从配送中心出发，完成任务后返回配送中心。

③每个客户被同一辆车最多访问一次。

④在每个客户点的投货时间忽略不计。

(2)数学模型

模型中的参数和变量如表 2.3 所示。

表 2.3　模型中的符号及解释

变量	含义
N	表示顶点集合，$N=\{0, 1, \cdots, n\}$，其中 0 表示配送中心，其他顶点表示客户点
d_j	表示客户 j 的货物需求量
V	表示可用车辆集合，其中 $V=\{0, 1, \cdots, K\}$
Q	表示车辆最大装载量
M	辅助参数，表示一个较大的正整数
c_{ij}	表示从顶点 i 行驶到顶点 j 的运输成本
x_{ij}^k	表示 0~1 变量，若车辆 k 从顶点 i 直接行驶到顶点 j 为 1，否则为 0
q_j^k	非负整数变量，表示车辆 k 访问客户 j 投货数量
u_i^k	表示非负实数变量，表示车辆 k 访问客户 i 的次序

$$\min z = \sum_{i \in N} \sum_{j \in N,\ j \neq i} \sum_{k \in V} c_{ij} x_{ij}^k \tag{2.20}$$

$$\sum_{i \in N} x_{0i}^k = 1, \quad \forall k \in V \tag{2.21}$$

$$\sum_{i \in N} x_{i0}^k = 1, \quad \forall k \in V \tag{2.22}$$

$$\sum_{i \in N} x_{ij}^k \leqslant 1, \quad \forall j \in N \setminus \{0\},\ k \in V \tag{2.23}$$

$$\sum_{k \in V} \sum_{i \in N} x_{ij}^k = 1, \quad \forall j \in N \setminus \{0\} \tag{2.24}$$

$$\sum_{i \in N} x_{ij}^k - \sum_{i \in N} x_{ji}^k = 0, \quad \forall j \in N \setminus \{0\},\ k \in V \tag{2.25}$$

$$\sum_{j \in N} q_j^k \leqslant Q, \quad \forall k \in V \tag{2.26}$$

$$\sum_{k \in V} q_j^k = d_j, \quad \forall j \in N \setminus \{0\} \tag{2.27}$$

$$0 \leqslant q_j^k \leqslant M \sum_{i \in N} x_{ij}^k, \quad \forall j \in N \setminus \{0\}, \ k \in V \tag{2.28}$$

$$u_i^k - u_j^k - n x_{ij}^k \leqslant n-1, \quad \forall i \in N \setminus \{0\}, \ j \in N \setminus \{0\}, \ k \in V \tag{2.29}$$

$$x_{ij}^k \in \{0, 1\}, \quad \forall i \in N, \ j \in N, \ k \in V \tag{2.30}$$

$$u_i^k \geqslant 0, \quad \forall i \in N, \ k \in V \tag{2.31}$$

式(2.20)表示目标函数，最小化运输成本。式(2.21)和式(2.22)表示派出车辆从配送中心出发，完成任务后返回配送中心。式(2.23)表示每个客户点被每辆车最多访问一次。式(2.24)表示每个客户点被所有车辆有且仅被访问一次。式(2.25)表示车辆流平衡约束。式(2.26)表示车辆访问所有客户的装载量不能超过其最大允许装载量。式(2.27)表示每个客户的投货需求得到充分满足。式(2.28)表示投放量决策和路径决策之间的关系。式(2.29)表示子回路消除约束。式(2.30)表示 0~1 路径决策变量。式(2.31)表示客户访问次数决策变量。

(3)求解算法

Archetti 等(2006)首次提出了禁忌搜索算法求解该问题。Chen 等(2007)提出一种混合启发式算法，其初始解由求解 VRP 的 CW 节约算法给出，并使用一种端点整数规划模型对当前解各线路端点进行最优再分配。Marcos 等(2015)基于多起点迭代局部搜索设计启发式算法，通过对文献中可用的基准实例进行计算实验。熊浩等(2015)构建了双层规划数学模型并在此思路下设计了三阶段启发式算法：第一阶段不考虑容量限制和拆分需求，给出包括车场和所有顾客的 TSP 大路径；第二阶段进行切割，同时考虑是否拆分以满足容量限制；第三阶段对第二阶段的子路径进行路径优化调整。同时，Silva 等(2015)提出了迭代局部搜索算法对该问题进行求解。向婷等(2016)通过设置拆分阈值对客户进行聚类，然后采用蚁群算法优化各类的线路，即第一阶段将客户聚类成组，确定由同一辆车服务的客户集合；第二阶段将每一组客户和车场构成一个 TSP 回路，利用蚁群算法求解。Anthony 等(2016)设计了多起点变邻域搜索算法求解最小拆分批量的 SDVRP，通过两个程序生成初始解，引入 4 个算子进行邻域搜索。彭勇等(2017)以运输距离最短为目标建立模型，设计 BLF-GA 算法求解此问题，对交叉操作进行改进，并通过数值测试实验证明算法的有效性。揭婉晨等(2020)研究了带车辆数约束和最大行驶距离约束的 SDVRP，以成本最小为目标建立模型，设计分支定价求解算法，通过对最大装载量和行驶成本等参数进行分析，验证了分支定价算法的应用价值。Pedro 等(2020)研究了带有时间窗的需求可拆分车辆路径问题，建立基于路线的 SDVRPTW 模型，提出了一种基于列生成的启发式算法：在第一阶段，使用分支定价算法来求解 VRPTW 实例序列，生成一套可行路线；在第二阶段，用分支定界算法求解 SDVRPTW 实例应用于路由初始化的公式。徐翔斌等(2021)将车辆限行和二维装箱约束加入需求可拆分车辆路径问题，以车辆总配送成本最小为目标构建数学模型，设计了启发式算法来求解该模型，使用模拟退火算法确定需求拆分下的车辆配送路径，且在当前最优解判断时调用 BLF 算法检验物品的二维装箱约束。夏扬坤等(2021)研究了一种带客户分级和需求可拆分的生鲜车辆路径问题，构建了相应的多目标数学模型，并将自适应惩罚机制、多邻域结构体、禁忌表重新初始化等策略纳入禁忌搜索算法，设计了一种带动态禁忌表的自适应禁忌搜索算法进行求解。李华峰等(2021)以行驶距离和使用车辆之和最小为目标，提出一种改进的金字塔演化策略。王建伟等(2022)针对突发事件配送问题，将配送时间最短、加权时间攀比值最小和使用车辆数最少作为多维目标，构建了一种“效率—公平—运力”多维权衡的需求可拆分应急物资配送模型，并设计了一种改进的蚁群算法进行模型求解，通过选择拆分点、信息素更新和引入变邻域搜索算子三方面进行了算法改进。在精确求解算法方面，Archetti 等

(2014)提出了分支—切割算法，Gschwind 等(2019)提出了分支定价切割算法。

2.4 一对一取送货车辆路径问题

(1)问题描述及假设

同时取送货车辆路径问题(1-1 PDVRP)是指：配送网络中有一系列取货点{1，2，…，n}及相应送货点{$n+1$，$n+2$，…，$2n$}，每个取货客户点(j)和其对应的送货点($n+j$)的需求量满足 $d_j=-d_{(n+j)}\geqslant 0$。如何安排一个车队在客户点间取送货，在满足车辆最大装载量等约束条件下满足所有客户取送货需求，并使得总运输成本最小。1-1 PDVRP 示意图如图 2.4 所示。

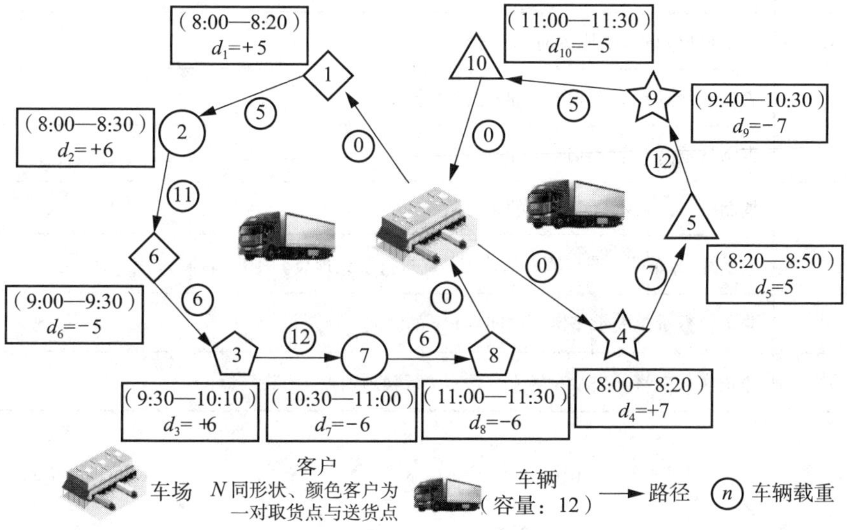

图 2.4 1-1 PDVRP 示意图

该问题研究一般考虑的假设如下：

①所有车辆同质，即具有相同的最大装载量、最大工作时间和车速。

②车辆从配送中心出发，完成任务后返回配送中心。

③每个客户有且仅被访问一次。

④在每个客户点的取/投货时间忽略不计。

(2)数学模型

模型中的参数和变量如表 2.4 所示。

表 2.4 模型中的符号及解释

变量	含义
N	表示顶点集合，$N=P\cup D\cup\{0,\ 2n+1\}$，其中 $P=\{1,\ 2,\ \cdots n\}$ 表示取货点集合，$D=\{n+1,\ n+2,\ \cdots 2n\}$ 表示送货点集合，0 表示起始配送中心，$2n+1$ 表示终止配送中心
d_j	表示客户 j 的货物取货或送货需求量，其中 $d_j=-d_{(n+j)}\geqslant 0$，$d_0=d_{(2n+1)}=0$
V	表示可用车辆集合，其中 $V=\{0,\ 1,\ \cdots,\ K\}$
Q	表示车辆最大装载量
e_j	表示客户 j 的最早服务时间要求
l_j	表示客户 j 的最晚服务时间要求
c_{ij}	表示从顶点 i 行驶到顶点 j 的运输成本
t_{ij}	表示从顶点 i 行驶到顶点 j 的运输时间
M	辅助参数，表示一个较大的正整数
x_{ij}^k	表示 0~1 变量，若车辆 k 从顶点 i 直接行驶到顶点 j 为 1，否则为 0
a_j^k	非负整数量，表示车辆 k 访问客户 j 的时间
l_{ij}^k	非负实数变量，表示车辆 k 从顶点 i 行驶到顶点 j 的装载量

$$\min z=\sum_{i\in N}\sum_{j\in N,\ j\neq i}\sum_{k\in V}c_{ij}x_{ij}^k \tag{2.32}$$

$$\sum_{i\in N}x_{0i}^k=1,\quad \forall k\in V \tag{2.33}$$

$$\sum_{i\in N}x_{i0}^k=1,\quad \forall k\in V \tag{2.34}$$

$$\sum_{k\in V}\sum_{i\in N}x_{ij}^k=1,\quad \forall j\in N\setminus\{0\} \tag{2.35}$$

$$\sum_{i \in N} x_{ij}^k - \sum_{i \in N} x_{ji}^k = 0, \quad \forall j \in N \setminus \{0\}, \ k \in V \tag{2.36}$$

$$0 \leqslant l_{ij}^k \leqslant Q x_{ij}^k, \quad \forall i \in N, \ j \in N, \ k \in V \tag{2.37}$$

$$\sum_{j \in N} x_{ij}^k = \sum_{j \in N} x_{(n+i)j}^k, \quad \forall j \in p, \ k \in V \tag{2.38}$$

$$\sum_{j \in N} l_{0j}^k = 0, \quad \forall k \in V \tag{2.39}$$

$$\sum_{i \in N} l_{ij}^k + d_j \sum_{i \in N} x_{ij}^k - \sum_{i \in N} l_{ji}^k = 0, \quad \forall j \in P \cup D, \ k \in V \tag{2.40}$$

$$\sum_{j \in N} l_{j(2n+1)}^k = 0, \quad \forall k \in V \tag{2.41}$$

$$e_j \leqslant a_j^k \leqslant l_j, \quad \forall j \in N, \ k \in V \tag{2.42}$$

$$a_i^k + t_{ij} - a_j^k + M x_{ij}^k \leqslant M, \quad \forall i \in N, \ j \in N \setminus \{0\}, \ k \in V \tag{2.43}$$

$$a_j^k + t_{j(n+j)} \leqslant a_{n+j}^k, \quad \forall j \in p, \ k \in V \tag{2.44}$$

$$x_{ij}^k \in \{0, 1\}, \quad \forall i \in N, \ j \in N, \ k \in V \tag{2.45}$$

$$a_j^k \geqslant 0, \quad \forall j \in N, \ k \in V \tag{2.46}$$

$$l_{ij}^k \geqslant 0, \quad \forall i \in N, \ j \in N, \ k \in V \tag{2.47}$$

式(2.32)表示目标函数，最小化运输成本。式(2.33)和式(2.34)表示派出车辆从起始配送中心出发，完成任务后返回终止配送中心。式(2.35)表示每个客户点有且仅被访问一次。式(2.36)表示车辆流平衡约束。式(2.37)表示车辆从顶点 i 到顶点 j 的装载量不能超过其最大允许装载量。式(2.38)表示取货点 i 与其对应的送货点 $n+i$ 必须被同一辆车访问。式(2.39)表示所有派出车辆空载从起始车场出发。式(2.40)表示车辆装载平衡约束，即车辆 k 到达客户 j 的装载量，加上或减去在客户 j 取货量或投货量，等于车辆 k 离开客户 j 的装载量。式(2.41)表示所有派出车辆空载返回终止车场。式(2.42)表示每个客户必须在其规定的时间窗内得到服务。式(2.43)表示客户 i 和客户 j 之间的服务时间关系。式(2.44)和式(2.45)表示 0～1 路径决策变量。式(2.46)表示客户访问时间决策变量。式(2.47)表示车辆从一个客户行驶至另一个客户的装载量决策。

(3)求解算法

Madsen 等(1995)首先提出了构造启发式算法对问题进行求解。王晓博等(2010)建立带时间窗的多车场一对一装卸混合车辆调度模型，使用混合遗传算法进行求解，利用模拟退火算法控制遗传算法的交叉、变异操作，加强局部搜索能力，提高算法效率。Bartok 等(2011)以路径行驶成本最小为目标，设计了领域搜索启发式算法，针对三维货物加入重量，装载约束，引用 λ-交换算子生成邻域解并使用禁忌搜索进行求解。Cote 等(2012)采用大领域搜索求解一对一取送货问题，货物在车厢内排成多列放置，并引入“后进先出”约束。Erdogan 等(2012)对运输成本及装卸货成本同时进行优化，针对此问题，采用精确动态规划算法和近似线性时间算法求解，分别基于禁忌搜索、迭代局部搜索和迭代禁忌搜索，开发了 3 种元启发式算法。Braekers 等(2014)提出了元启发式算法。彭碧涛等(2016)针对同时取送货问题，基于两种装载启发式算法构建初始解，通过禁忌搜索对初始解进一步优化。孙欣蕊等(2022)研究了同城配送中的订单配送问题，考虑软时间窗及车容量限制等因素，构建以配送成本与超时惩罚成本之和最小化为目标的混合整数线性模型，设计了含多种有效不等式及其对应分离算法的改进分支—切割算法进行求解。在精确求解算法方面，Cordeau 等(2006)提出了分支—切割算法；Andrea 等(2014)基于动态规划提出了分支—定价算法，并通过实验分析了软时间窗口管理对最优解决方案的影响；Veenstra 等(2017)提出了一种分支定价切割算法，给出了一种标记算法用于解决定价问题；Luo 等(2019)提出了分支定价切割算法；周红等(2021)针对自动化集装箱码头自主驾驶无人跨运车(Autonomous Straddle Carrier，ASC)问题，提出了一种改进的分支—定价算法，设计剪枝策略缩小解搜索空间，采用脉冲算法求解定价子问题，并嵌入列生成算法迭代寻优。

2.5 一对多或多对一取送货车辆路径问题

(1)问题描述及假设

一对多取送货车辆路径问题(1-M-1 PDVRP)是指：配送网络中有一系列客户点$j \in \{1, 2, \cdots, n\}$及相应取货需求量($p_j$)和送货需求量($d_j$)，如何安排一个车队的运输路径访问这些客户点(同时满足其取送货需求)，在满足车辆最大装载量等约束条件下，使得总运输成本最小。1-M-1 PDVRP 示意图如图 2.5 所示。

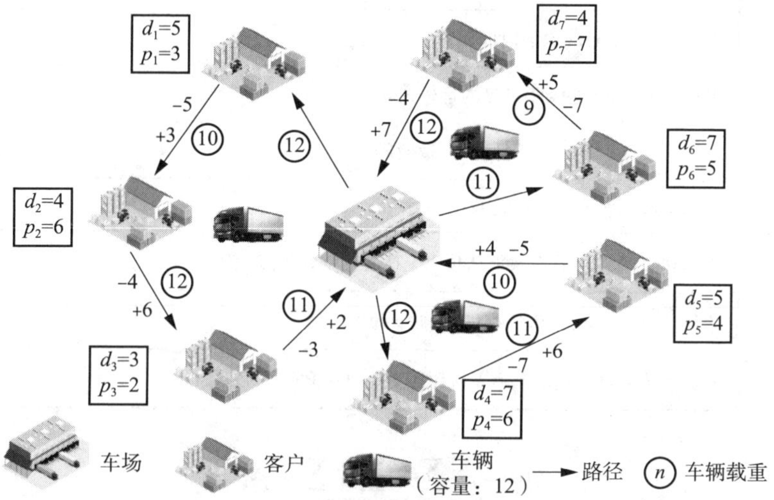

图 2.5 1-M-1 PDVRP 示意图

该问题研究一般考虑的假设如下：

①所有车辆同质，即具有相同的最大装载量、最大工作时间和车速。

②车辆从配送中心出发，完成任务后返回配送中心。

③每个客户有且仅被访问一次。

④在每个客户点的取/投货时间忽略不计。

(2)数学模型

模型中的参数和变量如表 2.5 所示。

表 2.5　模型中的符号及解释

变量	含义
N	表示顶点集合，$N=\{0, 1, \cdots, n\}$，其中 0 表示配送中心，其他顶点表示客户点
d_j	表示客户 j 的送货需求量
p_j	表示客户 j 的取货需求量
V	表示可用车辆集合，其中 $V=\{0, 1, \cdots, K\}$
Q	表示车辆最大装载量
e_j	表示客户 j 的最早服务时间要求
l_j	表示客户 j 的最晚服务时间要求
c_{ij}	表示从顶点 i 行驶到顶点 j 的运输成本
t_{ij}	表示从顶点 i 行驶到顶点 j 的运输时间
M	辅助参数，表示一个较大的正整数
x_{ij}^k	表示 0~1 变量，若车辆 k 从顶点 i 直接行驶到顶点 j 为 1，否则为 0
u_j^k	非负整数量，表示车辆 k 访问客户 j 的次序
l_{ij}^k	非负实数变量，表示车辆 k 从顶点 i 行驶到顶点 j 的装载量

$$\min z = \sum_{i \in N} \sum_{j \in N,\ j \neq i} \sum_{k \in V} c_{ij} x_{ij}^k \tag{2.48}$$

$$\sum_{i \in N} x_{0i}^k = 1, \quad \forall k \in V \tag{2.49}$$

$$\sum_{i \in N} x_{i0}^k = 1, \quad \forall k \in V \tag{2.50}$$

$$\sum_{k \in V} \sum_{i \in N} x_{ij}^k = 1, \quad \forall j \in N \backslash \{0\} \tag{2.51}$$

$$\sum_{i \in N} x_{ij}^k - \sum_{i \in N} x_{ji}^k = 0, \quad \forall j \in N \backslash \{0\},\ k \in V \tag{2.52}$$

$$l_{ij}^k \leqslant Q x_{ij}^k, \quad \forall i \in N,\ j \in N,\ k \in V \tag{2.53}$$

$$\sum_{j \in N} l_{0j}^k = \sum_{j \in N \setminus \{0\}} d_j \sum_{i \in N} x_{ij}^k, \quad \forall k \in V \tag{2.54}$$

$$\sum_{i \in N} l_{ij}^k + (p_j - d_j) \sum_{i \in N} x_{ij}^k - \sum_{i \in N} l_{ji}^k = 0, \quad \forall j \in N \setminus \{0\}, \ k \in V \tag{2.55}$$

$$\sum_{j \in N} l_{j0}^k = \sum_{j \in N \setminus \{0\}} p_j \sum_{i \in N} x_{ij}^k, \quad \forall k \in V \tag{2.56}$$

$$u_i^k - u_j^k - n x_{ij}^k \leqslant n-1, \quad \forall i \in N \setminus \{0\}, \ j \in N \setminus \{0\}, \ k \in V \tag{2.57}$$

$$x_{ij}^k \in \{0, 1\}, \quad \forall i \in N, \ j \in N, \ k \in V \tag{2.58}$$

$$u_j^k \geqslant 0, \quad \forall j \in N, \ k \in V \tag{2.59}$$

$$l_{ij}^k \geqslant 0, \quad \forall i \in N, \ j \in N, \ k \in V \tag{2.60}$$

式(2.48)表示目标函数，最小化运输成本。式(2.49)和式(2.50)表示派出车辆从起始配送中心出发，完成任务后返回终止配送中心。式(2.51)表示每个客户点有且仅被访问一次。式(2.52)表示车辆流平衡约束。式(2.53)表示车辆从顶点 i 到顶点 j 的装载量不能超过其最大允许装载量。式(2.54)表示车辆 k 从配送中心出发装载货物的数量等于其访问客户的投货需求量之和。式(2.55)表示车辆装载平衡约束，即车辆 k 到达客户 j 的装载量，加上在客户 j 的取货量并减去在客户 j 的投货量，等于车辆 k 离开客户 j 的装载量。式(2.56)表示所有派出车辆返回配送中心的装载量等于其访问所有客户的取货量之和。式(2.57)表示消除子回路约束。式(2.58)表示 0~1 路径决策变量。式(2.59)表示客户访问次序决策变量。式(2.60)表示车辆从一个客户行驶至另一个客户的货物装载量决策。

(3)求解算法

邓爱民等(2009)考虑到客户点软时间窗的要求，对传统的模拟退火算法进行改进，将邻域搜索分为线路内交换—线路间交换两部分，引入了记忆功能和双中止规则。王超等(2014)运用改进的模拟退火算法进行求解，算法使用 RCRS(Residual Capacity and Radial Surcharge)算法求得初始解，通过模拟退火过程及 2-opt 法、or-opt 法、swap/shift 法和 2-opt * 法 4 种局部搜索方法进行优化。Wang 等(2015)提出一种两阶段启发式并行模拟退火算法，第一阶段用遗传算法进行聚类，第二阶段用模拟退火算法对车辆路径总长度进行优化。倪霖等(2017)建立带时间窗的单车场一对多同时取送货路径优化模型，并引入 3 种邻域结构构造邻域解，设计多种群邻域搜索遗传算法进行求解。王超等(2018)提出一种离散布谷鸟算法，在标准布谷鸟算法的基础上，使用路径内搜索 2-opt 法、路径间搜索 swap/shift 法、路径内搜索 relocate/exchange 法和路径间搜索 GENE 法进行改进。Hof 等(2019)提出了自适应大邻域搜索算法。Richard 等(2020)提出了一种自适应大邻域搜索(ALNS)的元启发式算法来解决这个问题，基于贪婪算法构造初始方案，引入 8 种破坏算子和 3 种修复算子进行邻域扰动。张庆华等(2020)采用基于引导弹射搜索(Guided Ejection Search，GES)和边界组合交叉的模因算法，通过 GES 进行初始种群生成，采用多种邻域结构提升算法的搜索效率。刘建胜等(2022)提出自适头脑风暴算法进行求解，在全局搜索阶段，通过多项惩罚算法对不满足约束的方案降低适应度值，并引入聚类及 3 种路径搜索策略，在局部搜索阶段，使用 6 种破坏—修复算子，设计自适应动态选择邻域搜索机制，增强局部搜索效能。任腾等(2022)将插入启发式算法、改良精英保留策略和蜂王进化交叉策略融于传统遗传算法，设计了一种新的改进遗传算法求解考虑同时取送货的城市物流共同配送问题。Zhou 等(2022)研究同时取送货的两级车辆路径问题，设计了一种可变邻域禁忌搜索算法来求解大规模实例。王勇等(2022)研究了多中心共同配送开闭混合式车辆路径问题，以物流运营总成本最小化为目标建立优化模型，提出了基于三维 K-means 聚类算法的遗传(GA)-粒子群(PSO)混合算法(GA-PSO)，提出了 GA 更新机制和相应的粒子群优化操作，结合 GA 的全局搜索能力和 PSO 的局部寻优能力，增强了算法的局部和全局搜索能力，并应用成本差值分配方法(CGA)和严格单调路径原则进行了合作联盟序列选择研究。Subramanian 等(2011)提出了分支—切割算法。

2.6 多对多取送货车辆路径问题

(1)问题描述及假设

多对多取送货车辆路径问题(M-M PDVRP)是指：配送网络中有一系列客户点 $j\in\{1, 2, \cdots, n\}$ 及相应取送货需求量(d_j)，$d_j>0$ 表示取货需求，$d_j<0$ 表示送货需求，每个具有取货需求的客户可以向任何其他具有送货需求的客户提供任何单位的货物。如何安排一个车队的运输路径访问这些客户点进行取送货操作，在满足车辆最大装载量等约束条件下，使得总运输成本最小。M-M PDVRP 示意图如图 2.6 所示。

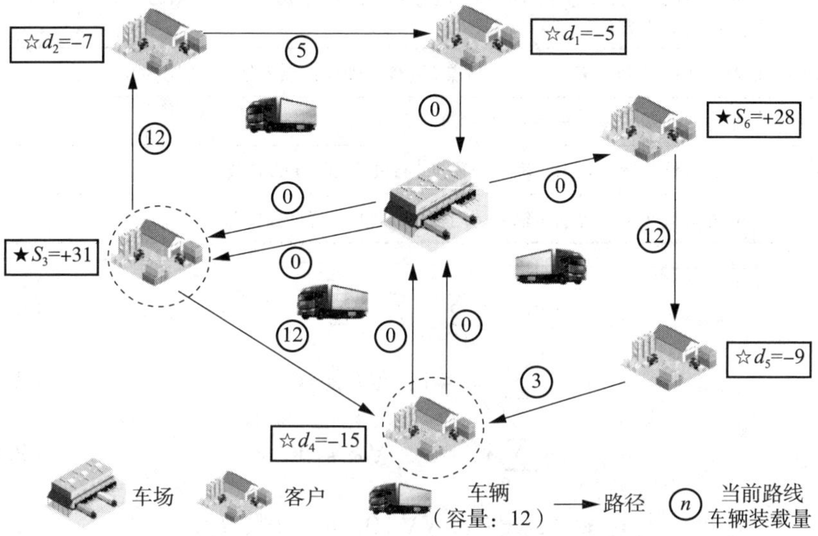

图 2.6 M-M PDVRP 示意图

该问题研究一般考虑的假设如下：

①所有车辆同质，即具有相同的最大装载量、最大工作时间和车速。

②车辆从配送中心出发，完成任务后返回配送中心。

③每个客户的取送货需求均允许分批满足。

④每个客户被同一辆车最多访问一次。

⑤在每个客户点的取/投货时间忽略不计。

(2)数学模型

模型中的参数和变量如表 2.6 所示。

表 2.6　模型中的符号及解释

变量	含义
N	表示顶点集合，$N=\{0, 1, \cdots, n\}$，其中 0 表示配送中心，其他顶点表示客户点
d_j	表示客户 j 的取送货需求量，$d_j>0$ 表示取货量，$d_j<0$ 表示送货量
V	表示可用车辆集合，其中 $V=\{0, 1, \cdots, K\}$
Q	表示车辆最大装载量
c_{ij}	表示从顶点 i 行驶到顶点 j 的运输成本
f_j	辅助参数，在客户 j 取货时其取值为 1，在客户 j 送货时其取值为-1，既不取货也不送货其取值为 0
x_{ij}^k	表示 0~1 变量，若车辆 k 从顶点 i 直接行驶到顶点 j 为 1，否则为 0
u_j^k	非负整数量，表示车辆 k 访问客户 j 的次序
l_{ij}^k	非负实数变量，表示车辆 k 从顶点 i 行驶到顶点 j 的装载量
q_j^k	非负实数变量，表示车辆 k 访问客户 j 时的取货和投货量

$$\min z = \sum_{i \in N} \sum_{j \in N,\ j \neq i} \sum_{k \in V} c_{ij} x_{ij}^k \tag{2.61}$$

$$\sum_{i \in N} x_{0i}^k = 1,\ \forall k \in V \tag{2.62}$$

$$\sum_{i \in N} x_{i0}^k = 1,\ \forall k \in V \tag{2.63}$$

$$\sum_{j \in N} x_{ij}^k \leqslant 1,\ \forall i \in N \setminus \{0,\ n+1\},\ k \in V \tag{2.64}$$

$$\sum_{i \in N} x_{ij}^k - \sum_{i \in N} x_{ji}^k = 0,\ \forall j \in N \setminus \{0\},\ k \in V \tag{2.65}$$

$$l_{ij}^k \leqslant Q x_{ij}^k,\ \forall i \in N,\ j \in N,\ k \in V \tag{2.66}$$

$$\sum_{k \in V} q_j^k = f_j d_j,\ \forall j \in N \setminus \{0,\ n+1\} \tag{2.67}$$

$$q_j^k \leqslant \min\{f_j d_j,\ Q\} \sum_{i \in N} x_{ij}^k,\ \forall j \in N \setminus \{0,\ n+1\},\ k \in V \tag{2.68}$$

$$\sum_{j \in N} l_{0j}^k = 0, \quad \forall k \in V \tag{2.69}$$

$$\sum_{i \in N} l_{ij}^k + q_j^k f_j \sum_{i \in N} x_{ij}^k - \sum_{i \in N} l_{ji}^k = 0, \quad \forall j \in N \setminus \{0, n+1\}, k \in V \tag{2.70}$$

$$\sum_{j \in N} l_{j(n+1)}^k = 0, \quad \forall k \in V \tag{2.71}$$

$$u_i^k - u_j^k - n x_{ij}^k \leqslant n-1, \quad \forall i \in N \setminus \{0\}, j \in N \setminus \{0\}, k \in V \tag{2.72}$$

$$x_{ij}^k \in \{0, 1\}, \quad \forall i \in N, j \in N, k \in V \tag{2.73}$$

$$u_j^k \geqslant 0, \quad \forall j \in N, k \in V \tag{2.74}$$

$$l_{ij}^k \geqslant 0, \quad \forall i \in N, j \in N, k \in V \tag{2.75}$$

$$q_j^k \geqslant 0, \quad \forall j \in N, k \in V \tag{2.76}$$

式(2.61)表示目标函数，最小化运输成本。式(2.62)和式(2.63)表示派出车辆从配送中心出发，完成任务后返回终止配送中心。式(2.64)表示每个客户点被每辆车最多访问一次。式(2.65)表示车辆流平衡约束。式(2.66)表示车辆从顶点 i 到顶点 j 的装载量不能超过其最大允许装载量。式(2.67)表示所有车辆访问客户 j 的总取货量或投货量等于客户 j 的取货或投货需求量。式(2.68)表示每辆车访问客户 j 时的投货或取货量不超过客户 j 的取货或投货需求量。式(2.69)表示车辆 k 空载从配送中心出发。式(2.70)表示车辆装载平衡约束，即车辆 k 到达客户 j 的装载量，加上或减去在客户 j 的取货量或投货量，等于车辆 k 离开客户 j 的装载量。式(2.71)表示车辆 k 空载返回配送中心出发。式(2.72)表示消除子回路约束。式(2.73)表示 0~1 路径决策变量。式(2.74)表示客户访问次序决策变量。式(2.75)表示车辆从一个客户行驶至另一个客户的货物装载量决策。式(2.76)表示车辆访问客户时的取货或投货量决策。

(3)求解算法

张江华等(2013)以车辆数和运输里程最小为目标，建立了多目标规划模型，提出了基于拉格朗日松弛技术和禁忌搜索算法的混合求解算法。

Chen 等(2014)提出了一种基于变邻域搜索(VNS)方法的局部搜索算法，基于运输效率构建初始解，通过删除供需匹配再重新插入进行邻域扰动。Divya 等(2016)设计了一种两阶段迭代法启发式方法，采用扫描算法和一种改进的简单插入启发式算法两种构造算法组合来构造初始路由，利用重排算子进行改进，即在不违反可行性条件的情况下，通过对原路线内的节点序列进行重排来寻找更优解。接下来，Hernández-Pérez 等(2016)提出了混合启发式算法，Lu 等(2019)提出了种群算法。栾玉麟等(2020)以仓库处理成本和车辆行驶路径成本之和最小化为目标构建混合整数规划模型，通过邻域搜索生成初始种群，设计了基于遗传算法的启发式搜索策略以求解大规模算例。在精确求解算法方面，Bulhões 等(2018)提出了分支—切割算法，Li 等(2019)提出了分支定价切割算法。

3

单车场单车型单次访问条件下多商品供需末匹配取送货车辆路径问题模型与算法

3.1 引言

企业调研发现，某烟草工业公司每年生产原料调拨费高达几千万元，调拨成本长期居高不下是该公司面临的困境。其下属 8 家卷烟厂位于不同城市，由于历史规划原因，该公司还未设立原料中心仓库，原料采购后就近存放于各卷烟厂，即每家卷烟厂持有一定数量若干生产原料的库存。该公司生产的卷烟品牌有十几种，每种品牌均由几十种原料混合加工而成。因此，分散式生产及仓储导致原料在各烟厂间频繁调拨。该公司的生产计划制订以旬为周期，生产计划和技术配方提前 10 天下达。每家烟厂根据生产计划、技术配方和自家库存信息，计算完成生产任务需从其他烟厂调拨的原料种类及数量。为快速响应生产，每家烟厂在提前期(10 天)内自行制定原料调拨方案。目前采用的调拨方式为：烟厂 1 需求一定数量的原料 m 时，先将需求信息发送给最近烟厂 2，烟厂 2 派车把原料运送到烟厂 1 后空车返回。如果烟厂 2 不能满足烟厂 1 需求，依次寻找其他最近烟厂来送货，直到满足烟厂 1 需求。在此模式下，原料调拨决策权分散于各烟厂，各烟厂站在自身角度进行局部最优供需匹配决策和路径决策，缺乏对其他烟厂的需求考量，未形成整体视角下全局最优供需决策和路径决策。此外，两点间就近送货制导致空车返回率较高，运输资源浪费严重，当多家烟厂有多种需求时，易出现车辆紧缺现象。总之，该公司没有统一部门负责原料调拨，导致调拨效率较低成本较高。为解决此问题，该公司希冀成立一个物流管控部门，在资源整合基础上通过全局最优原料联合调拨方案（考虑全局最优供需匹配决策和路径决策），来提高调拨效率，降低调拨成本。类似调拨问题存在于连锁零售行业（Hernández-Pérez and Salazar-Gonzalez，2014）、国际原油运输行业（Agra et al.，2013，2014，2015）和共享单车系统（Dell'Amico et al.，2014，2016）中。

基于以上分析，一方面，可通过寻找全局更优供需匹配决策来解决公司面临的调拨难题；另一方面，可通过优化路径决策帮助公司解决调拨难题。本章基于公司实际运营特征，结合以上两方面来深度优化调拨系统，即探讨全局最优供需匹配决策和路径决策。此问题可定义为多商品供需未匹配且需求可分批取送货车辆路径问题。相对于传统的需求可分批取送货车辆路径问题（侯立文等，2007；符卓等，2017），本章研究客户点间供需匹配关系事先未知情况，在做客户间访问路径决策时需同时考虑客户间供需匹配决策，且这两个决策交叉相互影响（给定一个供需匹配决策，存在唯一相应最优路径决策，反之亦然），该问题求解更加复杂，属于NP-Hard问题。

近年来，一些学者研究了供需未匹配取送货车辆路径问题，其中单车运输情况被称作取送货旅行商问题。Hernández-Pérez 和 Salazar-Gonzalez（2004a，2004b）以银行系统各支行间现金存量重新分配为背景，探讨单商品取送货旅行商问题。在此问题中，每个有取货需求的客户点可向任何有送货需求的客户点提供任何数量商品。目标是设计一个成本最小的现金调运方案，在满足车辆最大装载能力和单次访问（每个客户点被访问1次）等约束前提下，使得所有客户需求满足。针对单商品取送货旅行商问题，Hernández-Pérez 和 Salazar-Gonzalez（2007）提出分支—切割算法，Hernández-Pérez 等（2009）提出随机改进搜索进程的混合启发式算法，Zhao 等（2009）提出遗传算法，Mladenović 等（2012）提出变邻域搜索算法。Salazar-Gonzalez 和 Salazar-Gonzalez（2015）通过允许客户点被访问2次或3次，进一步对此问题进行研究。Hernández-Pérez 和 Salazar-Gonzalez

(2014)引进多商品取送货旅行商问题，并提出分支—切割算法。紧接着，Hernández-Pérez 等(2016)针对此问题提出了一个三阶段混合启发式算法。多车运输的情况被称作取送货车辆路径问题，相对单车情况下取送货旅行商问题，此类问题复杂度呈指数型增长。Raviv 等(2013)以共享单车系统中单车在各站点间转运为背景，研究单商品取送货车辆路径问题，从此该问题得到广泛关注(Dell'Amico et al.，2014，2016；Formal et al.，2016)。Chen 等(2014)以烟草制造业中生产原料在各烟厂间转运为背景，引进多商品取送货车辆路径问题，并提出线性规模型、有效不等式和变邻域搜索算法。实验结果表明提出的算法能为所研究问题提供高质量的解。由于此类问题高度复杂，当前同时考虑多车和多商品的研究较少。本章在 Chen 等(2014)研究的基础上，对所提出的模型、有效不等式和启发式算法进行改进，研究成果不仅可以丰富取送货车辆路径问题的理论研究，而且可以为企业的实际运营决策提供更有价值的指导。

3.2 模型构建

3.2.1 问题描述及假设

基于烟草生产原料调拨系统，本章研究的问题可描述为：配送网络中有多个客户点和多种商品，在满足车辆最大装载量和最大工作时间等约束下，如何设计一个总运输成本最小的商品调运方案，使得所有客户需求得到满足。与 Chen 等(2014)一样，为方便建模，考虑假设如下：

①所有车辆从车场出发完成任务后返回车场(单车场)。

②所有车辆具有相同最大装载量、行驶速度和最大允许工作时间(单车型)。

③每辆车最多访问每个客户点一次，多余车辆停在车场。

④在每个客户点的装卸时间忽略不计。

⑤每个客户点每种商品的需求允许分批满足，每个客户点最多被同一车辆访问一次(单次访问)。

⑥每个客户点每种商品的库存为无穷大或零。该假设基于如下现实：在烟草制造业中，生产原料(烟叶)作为农副产品，季节性很强，一年收获一次。经一次采购，存储在烟厂的数量能够满足几个月的生产需求。相对于一个旬的生产需求，库存可看作无限大。

3.2.2 数学模型

本部分建立的线性规划模型与 Chen 等(2014)提出的数学模型主要区别是采用更简便方式来表示“服务次序约束”和“装卸约束”。模型所用符号及变量定义如表 3.1 所示。

表 3.1 模型中的符号及解释

变量	含义
N	顶点集合，其中 $N=\{0, 1, \cdots, n+1\}$，0 和 $n+1$ 分别表示车辆起始车场和终止车场，其他顶点表示客户点
H	商品类型集合，其中 $H=\{0, 1, \cdots, M\}$
V	车辆集合，其中 $V=\{0, 1, \cdots, K\}$
I_{jm}	顶点 j 持有商品 m 的库存量
D_{jm}	顶点 j 对商品 m 的需求量
f_{jm}	辅助参数，等于 1，代表顶点 j 供应商品 m；等于-1，代表顶点 j 需求商品 m；等于 0，代表顶点 j 对商品 m 既不供应也不需求
c_{ij}	从顶点 i 直接到顶点 j 的运输成本，等于两点间的运输距离
t_{ij}	从顶点 i 直接到顶点 j 的行驶时间，等于 c_{ij} 与车速的比值
T	车辆最长工作时间
Q	车辆最大装载量
x_{ij}^{k}	0~1 变量，如果车辆 k 从顶点 i 直接行驶到顶点 j 为 1，否则为 0
q_{im}^{k}	整数变量，表示车辆 k 在顶点 i 取走或投放商品 m 的数量
L_{ijm}^{k}	整数变量，表示车辆 k 从顶点 i 直接行驶到顶点 j 装载商品 m 的数量
y_{i}^{k}	非负实数变量，表示车辆 k 访问顶点 i 的次序

$$\min \sum_{i \in N} \sum_{j \in N} \sum_{k \in V} x_{ij}^k c_{ij} \tag{3.1}$$

$$\sum_{j \in N} x_{oj}^k = 1, \quad \forall k \in V \tag{3.2}$$

$$\sum_{j \in N} x_{jo}^k = 0, \quad \forall k \in V \tag{3.3}$$

$$\sum_{j \in N} x_{j(n+1)}^k = 1, \quad \forall k \in V \tag{3.4}$$

$$\sum_{j \in N} x_{(n+1)j}^k = 0, \quad \forall k \in V \tag{3.5}$$

$$\sum_{j \in N} x_{ij}^k \leqslant 1, \quad \forall j \in N, \ k \in K \tag{3.6}$$

$$\sum_{j \in N} x_{ij}^k - \sum_{j \in N} x_{ji}^k = 0, \quad \forall j \in N \setminus \{0, n+1\}, \ k \in V \tag{3.7}$$

$$y_j^k > y_i^k - (n+2)(1 - x_{ij}^k), \quad \forall i \in N, \ j \in N, \ k \in V \tag{3.8}$$

$$\sum_{i \in N \setminus \{n+1\}} L_{ijm}^k + q_{jm}^k f_{jm} - \sum_{i \in N \setminus \{0\}} L_{jim}^k - Q \sum_{i \in N} x_{ij}^k \geqslant -Q, \quad \forall j \in N \setminus \{0, n+1\}, \ m \in H, \ k \in V \tag{3.9}$$

$$\sum_{i \in N \setminus \{n+1\}} L_{ijm}^k + q_{jm}^k f_{jm} + \sum_{i \in N \setminus \{0\}} L_{jim}^k + Q \sum_{i \in N} x_{ij}^k \leqslant Q, \quad \forall j \in N \setminus \{0, n+1\}, \ m \in H, \ k \in V \tag{3.10}$$

$$\sum_{k \in V} q_{jm}^k = D_{jm}, \quad \forall j \in N \setminus \{0, n+1\}, \ m \in H \tag{3.11}$$

$$q_{jm}^k \leqslant Q \sum_{i \in N} x_{ij}^k, \quad \forall j \in N \setminus \{0, n+1\}, \ m \in H, \ k \in V \tag{3.12}$$

$$\sum_{m \in H} L_{ijm}^k \leqslant Q x_{ij}^k, \quad \forall i \in N, \ j \in N, \ k \in V \tag{3.13}$$

$$\sum_{i \in N} \sum_{j \in N} x_{ij}^k t_{ij} \leqslant T, \quad \forall k \in V \tag{3.14}$$

$$\sum_{i \in N} x_{ij}^k \leqslant \sum_{m \in H} q_{jm}^k, \quad \forall j \in N \setminus \{0, n+1\}, \ k \in V \tag{3.15}$$

$$x_{ij}^k \in \{0, 1\}, \quad \forall i \in N, \ j \in N, \ k \in V \tag{3.16}$$

$$y_i^k \in [0, n+2], \quad \forall i \in N, \ k \in V \tag{3.17}$$

$$q_{im}^k \geqslant 0, \quad \forall i \in N, \ m \in H, \ k \in V \tag{3.18}$$

$$L_{ijm}^k \geqslant 0, \quad \forall i \in N, \ j \in N, \ m \in H, \ k \in V \tag{3.19}$$

$$L_{0jm}^k = 0, \quad \forall j \in N, \ m \in H, \ k \in V \tag{3.20}$$

$$L^k_{j(n+1)m}=0,\quad \forall j\in N,\ m\in H,\ k\in V \tag{3.21}$$

式(3.1)表示模型目标为总运输成本最小化。式(3.2)~式(3.5)表示所有车辆执行运输任务时从车场出发，完成任务后返回车场。式(3.6)表示每辆车最多访问每个客户点一次。式(3.7)表示车辆进出平衡约束，即车辆 k 进入客户点 j 的流等于离开客户点 j 的流。类似于 Bektas(2006)，式(3.8)用于消除子循环路径。式(3.9)和式(3.10)表示车辆 k 到达客户点 j 所装商品 m 数量，加上在客户点 j 取走商品 m 数量或减去在客户点 j 投放商品 m 数量，等于车辆 k 离开客户点 j 所装商品 m 数量。式(3.11)表示每个客户点的需求得到充分满足。式(3.12)表示若车辆 k 没有访问客户点 j，则车辆 k 在客户点 j 的取货量和投货量均为0。式(3.13)表示若车辆 k 没有访问弧(i, j)，则 $\sum_{m\in H} L^k_{ijm}$ 应为0。式(3.14)表示车辆行驶时间不超过最长允许工作时间。式(3.15)表示若车辆 k 在客户点 j 没有取货或投货操作，则车辆 k 不访问客户点 j，式(3.16)~式(3.21)。

3.3 有效不等式

由于本章所研究问题的高度复杂性，实验表明即使改进的模型对客户点数 $n=7$ 和商品种类数 $m=4$ 的算例也不能获得最优解或高质量下界(见表3.3)。因此，本部分提出一系列有效不等式来加强模型，即通过缩减搜索空间使模型在规定时间内获得最优解或高质量的下界，进而将模型获得的最优解或解的下界与本章启发式算法获得的上界做比较来验证启发式算法求解效果。

3.3.1 最少访问次数不等式

借鉴 Chen 等(2014)，根据车辆最大装载量及客户需求量，式(3.22)界定每个客户至少被访问的次数。

$$\sum_{k \in V} \sum_{i \in N} x_{ij}^{k} \geqslant \frac{\sum_{m \in H} D_{jm}}{Q}, \quad \forall j \in N \setminus \{0, n+1\} \tag{3.22}$$

3.3.2 最少访问次数不等式

基于 CPLEX 求解整数线性规划采用分支—切割原理（钟石泉等，2009；Agarwal and Aneja，2012），不等式（3.23）~不等式（3.25）主要通过消除一些小数解来提高问题下界值，这些小数解是整数规划（IP）所对应线性松弛规划（LP）的可行解。例如，不等式（3.23）可消除包含 $x_{12}^{k}=0.8$ 和 $x_{0(n+1)}^{k}=0.8$ 的解。即不等式（3.23）~不等式（3.25）旨在通过缩减松弛问题（LP）可行解空间来提高原问题下界值。

$$x_{ij}^{k} \leqslant (1-x_{0(n+1)}^{k}), \quad \forall i, j \in N \setminus \{0, n+1\}, k \in V \tag{3.23}$$

$$x_{0i}^{k} \leqslant (1-x_{0(n+1)}^{k}), \quad \forall i \in N \setminus \{0, n+1\}, k \in V \tag{3.24}$$

$$x_{i(n+1)}^{k} \leqslant (1-x_{0(n+1)}^{k}), \quad \forall i \in N \setminus \{0, n+1\}, k \in V \tag{3.25}$$

3.3.3 兼容不等式

不等式（3.26）保证弧 $i \to j$ 和弧 $j \to i$ 不兼容。

$$\sum_{k \in V} (x_{ij}^{k} + x_{ji}^{k}) \leqslant 1, \quad \forall i, j \in N \setminus \{0, n+1\} \tag{3.26}$$

3.3.4 车辆对称破坏不等式

基于 $x_{0(n+1)}^{k}=1$ 表示车辆 k 未使用，停止在车场，不等式（3.27）保证标号小的车辆优先使用。

$$x_{0(n+1)}^{k} \leqslant x_{0(n+1)}^{k+1}, \quad \forall k \in V \setminus \{K\} \tag{3.27}$$

3.3.5 车辆使用不等式

经分析，车辆数的使用对本书所研究问题求解难度的影响较大。将本章模型中的目标函数（3.1）更换为 $\min \sum_{k \in V} (1 - x_{0(n+1)}^{k})$，可构造出以使用车辆数最小化为目标的模型 Model*。虽然求解 Model* 难度较大（NP-难题)，但通过求解 Model* 所对应的线性松弛规划，易得到求解本书所研究问题最少需要使用车辆数的下界(v_{lb})。从而不等式(3.28)对本章模型有效。

$$\sum_{k\in V}(1-x_{0(n+1)}^{k})\geqslant v_{lb} \tag{3.28}$$

3.3.6 解筛选处理

求解过程中不同的供需匹配决策可能导致取送货方案不同，但运输成本相同，因此可能存在多个目标值相同的解。例如，在图 3.1 和图 3.2 中，方案(1)中 h 的需求由 j 来满足，方案(2)中 h 的需求由 p 来满足，但这两个方案所走路线相同。故针对需求点 h 的两个不同供需匹配决策导致两个取送货方案，但这两个方案的运输成本相同。

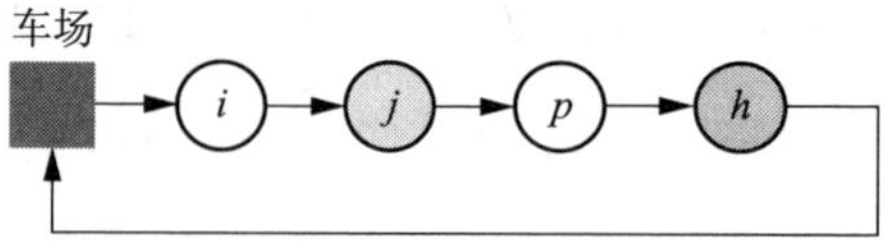

图 3.1 取送货方案(1)

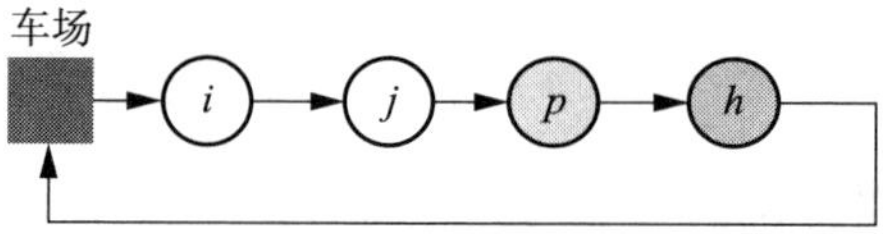

图 3.2 取送货方案(2)

在实际运输中，为减少油料消耗，装载量×运输距离(以下简称"吨公里")越小，取送货方案越好。因此，可在目标函数(3.1)中引入 $c_{ij}L_{ijm}^{k}$ 对目标值相同的解进行筛选。故目标函数(3.1)更新为式(3.29)：

$$\min\sum_{i\in N}\sum_{j\in N}\sum_{k\in V}c_{ij}x_{ij}^{k}+P\sum_{i\in N}\sum_{j\in N}\sum_{k\in V}\sum_{m\in H}c_{ij}L_{ijm}^{k} \tag{3.29}$$

在数值实验中，设定辅助参数 P 为 $\dfrac{1}{100K\times Q\max\limits_{0\leqslant i,j\leqslant n^{u}}\{c_{ij}\}}$，目的是保证式(3.29)中第二项小于 0.01。因此，式(3.29)不仅能保证较好解的运输成本

较低，而且能通过优先选择“吨公里”较小的解对目标值相同的解进一步筛选。

3.4 改进变邻域搜索算法设计

变邻域搜索算法是由Mladenović和Hansen(1997)提出的元启发式算法，对大规模取送货车辆路径问题有良好的求解效果(Mladenović et al.，2012；Chen et al.，2014；王旭坪等，2018；李阳等，2018)。Chen等(2014)针对本章研究的问题提出了一个变邻域搜索算法。基于Chen等(2014)的研究成果，本部分通过采用多个初始可行解，探索更高效的邻域结构及搜索流程来设计更高效的变邻域搜索算法。

3.4.1 初始解构建

鉴于研究目标是寻找距离最短的运输方案使所有客户需求得到满足，网络中需运输商品的总量事先已知(等于所有客户需求总量之和)。假定δ表示运输方案中商品运输总量与运输距离的比值，显然，运输效率(δ)越大运输方案越好。因此，Chen等(2014)提出了基于运输效率提升的启发式算法(Heuristic Transportation Efficiency Based Algorithm，TEBA)来构建初始可行解。鉴于TEBA简捷高效，本章也采用此算法来获得初始可行解。其核心思想是：首先，选择两个客户点i和j组成起始路线$0-i-j-(n+1)$；其次，通过从前点向后点匹配商品运输数量，不断选择使δ最大的新客户点插入当前路线，直到不能插入为止；最后，重复以上过程直到所有客户点都已插入。有关TEBA详细流程，请查看Chen等(2014)。注意到执行TEBA时，选择不同的i和j来构建起始路线，可产生不同初始可行解。为获得更多可行解，本研究采用不同的$0-i-j-(n+1)$作为起始路线，执行该算法$n\times(n-1)$次，并将获得的初始可行解按目标值从小到大进行排列，组成初始可行解序列。

3.4.2 邻域结构

问题求解需同时做供需匹配决策和路径决策，改变供需匹配决策，相应最优路径决策会发生改变，随之会进一步导致相应最优供需匹配决策发生改变，反之亦然。因此，可通过交叉扰动当前解的这两个决策来生成邻域解。本章采用的邻域扰动策略是：先在当前解 F_C 中删除一些供需匹配来产生非可行解 F_C'。然后利用局部搜索把需求未满足客户点重新插入 F_C' 中，进行供需匹配满足来获得可行解 F_C''。即通过同时扰动供需匹配决策和路径决策来生成邻域解。

基于对 Chen 等(2014)提出的 6 个邻域扰动操作进行整合改进，本书采用以下 4 个邻域扰动操作。

(1)随机删除一些供需匹配：从当前解的 λ 个供需匹配中，随机删除 η 个供需匹配，η 产生方式为 $U[1, \min(3, \lambda)]$。

(2)在某条路线中删除与某些商品相关的供需匹配：首先，从当前解中随机选取某条路线 r。其次，从路线 r 运输的 M_r 种商品中随机选择 M'种商品，M'产生方式是 $U[1, \min(3, M_r)]$。最后，在路线 r 中删除所有与这 M'种商品相关的供需匹配。

(3)在某些路线中删除与某种商品相关的供需匹配：首先，从当前解中随机选取 R 条路线，R 产生方式为 $U[1, \min(3, R_c)]$，其中 R_c 表示当前解的路线总数。其次，从这 R 条路线运输的商品中随机选择某种商品 m。最后，在所选取的 R 条路线中删除所有与商品 m 相关的供需匹配。

(4)删除与某个客户点有关的供需匹配：首先随机选取一个客户点 i，然后从 ξ 个与 i 相关的供需匹配中随机删除 λ 个供需匹配，λ 产生方式为 $U[1, \min(3, \xi)]$。

3.4.3 局部搜索

邻域扰动之后，Chen 等(2014)采用局部搜索把需求未满足客户点重新插入当前解中进行匹配满足，进而获得局部最优可行解。其主要思想是：针对每个需求未满足客户点，首先在当期解中的每条路线上寻找所有可能插入位置、相应增加成本及商品匹配数量[见 Chen 等(2014)中的 Fig. 4]，然后通过分支定界树来寻找最优插入位置组合进行匹配满足[见 Chen 等(2014)中的 Fig. 5]。本书采用类似方法来获得局部最优可行解，不同之处在于对 Fig. 4(a)中寻找可能插入位置的搜索过程(见图 3.3)进行了改进，改进后的搜索过程见图 3.4，图中阴影节点表示能为需求客户点 j 提供商品供应的客户点。总之，相对于 Chen 等(2014)，不仅考虑在路线中的客户点(如图 3.3 中的 g)，还通过在当前路线中插入新供应客户点(如图 3.4 中的客户点 d)来扩大可行插入搜索空间，进而获得更好可行邻域解。

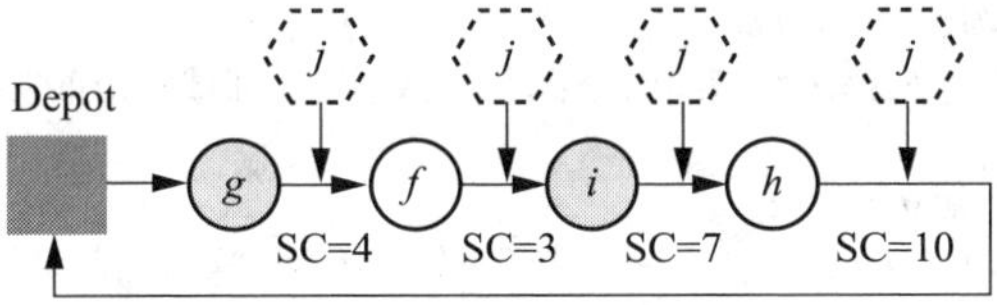

图 3.3 j 不在路线 1 中(1)

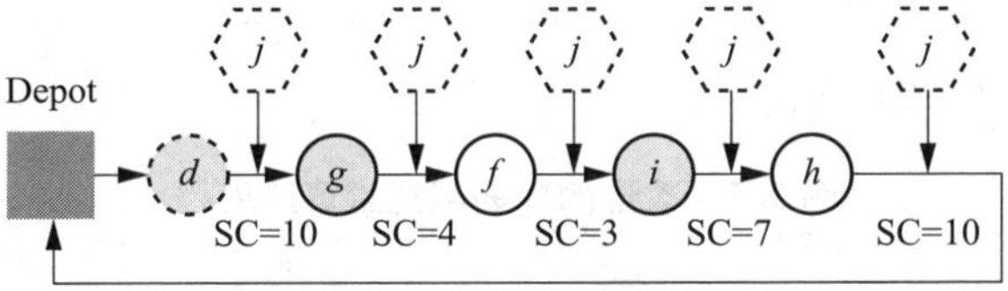

图 3.4 j 不在路线 1 中(2)

3.4.4 算法流程

考虑到采用单个初始解易使搜索陷入局部最优，且以固定顺序来执行邻域结构易导致搜索机制不灵活，进而导致算法效率较低。本书在 Chen 等(2014)的基础上，对算法流程设计做如下改进：①若所有邻域结构都已执行 3 次，当前最好解还没有更新，随机选择一个邻域结构继续执行；

②若连续迭代 100 次，当前最好解还没有更新，从初始可行解序列中选择一个新可行解作为当前解来重新搜索。改进的变邻域搜索算法具体流程见图 3.5。

设定 F_C 表示当前解，F_B 表示当前所搜索到的最好的解，邻域结构总个数（$\beta_{\max}$）=4；
设定最大允许迭代次数（$\alpha_{\max}$）=1000，最大允许使用初始解个数（$\gamma_{\max}$）=6；
从初始解序列中选取第一个初始解（F）；
初始化：$F_C=F$，$F_B=F$，$\alpha=0$，$\gamma=0$，$\beta=1$，$\theta=0$；
While（$\alpha<1000$ 且 $\gamma<\gamma_{\max}$）do
　　//邻域扰动
　　对 F_C 执行邻域扰动 N_β（F_C）来获得 F_c'；
　　//局部搜索
　　对 F_C' 执行局部搜索来获得局部最优可行邻域解 F_C''；
　　If（F_C'' 优于 F_C） then
　　　　更新 $F_C=F_C''$，$\beta=1$；//从第一个邻域开始重新搜索
　　Else
　　　　更新 $\beta=\beta\%\beta_{\max}+1$；//从第一个邻域开始重新搜索
　　If（F_C'' 优于 F_B）then
　　　　更新 $F_B:=F_C''$，$\theta:=0$，$\beta:=1$；//从下一个邻域开始重新搜索
　　Else
　　　　更新 $\theta:=\theta+1$；
　　　　If（$\theta\%(3\beta_{\max})$）=0；//所有邻域执行 3 次后当前最好解没有更新
　　　　　　更新 $\beta:=\text{rand}(1,\beta_{\max})$；//随机选择一个邻域结构继续执行
　　　　If（$\theta=100$）then
　　　　　　从初始解序列中选择一个新的解作为 F_C（diversification）；
　　　　　　更新 $\gamma:=\gamma+1$，$\theta:=0$；
　　$\alpha=\alpha+1$；
返回所搜索的最好解 F_B

图 3.5　改进的变邻域搜索算法流程

3.5　算例测试及结果分析

本部分首先对 Chen 等(2014)提出的模型和本书改进的模型进行比较，其次对本书提出的有效不等式加强模型的效果做了测试，最后对本书改进的变邻域搜索算法求解效果进行了测试。为方便表示，将 Chen 等(2014)提出的模型看作原始模型，记作 Model_O，本书改进的模型记作 Model_A，本

书改进的模型和提出的有效不等式的组合记作 $Model_{AV}$。为了公平比较，与 Chen 等(2014)一样，所有测试在一个频率为 2.8 赫兹、运行内存为 2G 的个人计算机上进行。采用 12.2 版本的优化软件 CPLEX 作为模型求解器，启发式算法采用 C++编码，在 Visual Studio 2008 平台上实现。

3.5.1 测试算例

为验证所提出的模型、有效不等式及变邻域搜索算法的效果，采用 Chen 等(2014)中 18 组(n=5，6，7，8，9，10；m=2，4，6)不同规模的算例进行测试，每组由 5 个相同规模随机产生的算例组成。生成算例的参数如表 3.2 所示。

表 3.2 算例生成所用参数

参数		数值
n	客户点数目	5，6，7，8，9，10
m	商品种类数目	2，4，6
T	车辆最长工作时间	10
Q	车辆最大装载量	10
$speed$	车速	60
(a_i, b_i)	客户点 i 的坐标	$a_i, b_i \sim U[0, T\times speed/sqt(8)]$
c_{ij}	客户点 i 和 j 之间的运输成本	$\sqrt{(a_i-a_j)^2+(b_i-b_j)^2}$
t_{ij}	客户点 i 和 j 之间的行驶时间	$c_{ij}/speed$
I_{im}	客户点 i 第 m 种商品的库存量	40%的概率下，为 0，否则为 100000
D_{im}	客户点 i 第 m 种商品的需求量	10%的概率为 0，70%的概率服从 $U[0, 10]$分布，20%的概率服从 $U[0, 20]$分布

3.5.2 改进模型效果测试

为验证本书所改进模型的求解效果，借助于 CPLEX 软件，用本书所改进模型 $Model_A$测试 18 组算例中的第 1 个算例，并将测试结果与 Chen 等(2014)中模型 $Model_O$的测试结果做比较。与 Chen 等(2014)一样，每个算例的最大允许测试时间为 48 小时，测试结果见表 3.3。在表 3.3 中，第 1

列表示算例(由客户点数和商品种类数构成)。第2~7列表示 $Model_0$ 的测试结果，第8~13列表示 $Model_A$ 的测试结果。“LB”表示获得的下界，“UB”表示获得的上界，“Time”表示运行时间。“Gap”表示上下界之间的百分比差异，计算公式为 Gap = 100×(UB-LB)/LB。“Vars”和“Cons”分别表示模型中决策变量总数和约束总数。“Δ1”表示 $Model_0$ 与 $Model_A$ 获得下界之间的百分比差异，“Δ2”表示 $Model_0$ 和 $Model_A$ 中决策变量总数之间的百分比差异，“Δ3”表示 $Model_0$ 和 $Model_A$ 中约束总数之间的百分比差异。

由表3.3可知，在规定时间内，$Model_A$ 比 $Model_0$ 多求解3个算例。针对 $Model_A$ 和 $Model_0$ 均能获得最优解的7个算例，$Model_0$ 和 $Model_A$ 平均耗时分别为4644.79秒和1322.61秒，$Model_A$ 相对于 $Model_0$ 将时间平均节约了71.31%。针对 $Model_A$ 和 $Model_0$ 在规定时间内都不能求得最优解的8个算例，$Model_A$ 相对 $Model_0$ 把下界平均提高了13.78%，最大可提高50.72%。从列“Δ2”和“Δ3”可知，与 $Model_0$ 相比，$Model_A$ 将决策变量数平均节约了54.06%，将约束数平均节约了64.16%。这是 $Model_A$ 优于 $Model_0$ 的直接原因。结果表明，本书改进的模型更简捷有效，求解能力更强，进而为此类复杂问题的理论研究奠定良好基础。

3.5.3 有效不等式效果测试

为测试本书提出的有效不等式加强改进模型的效果，借助于CPLEX软件用 $Model_{AV}$ 测试18组算例中的第1个算例，并将测试结果与 $Model_A$ 的测试结果做比较。同样，每个算例的最大允许测试时间为48小时，测试结果见表3.4。表中“LB”“UB”和“Time”所代表的含义与表3.3所代表含义一样。“Node”表示获得相应结果所需探索分支定界树中的节点数。“Δ1”表示 $Model_A$ 与 $Model_{AV}$ 获得下界之间的百分比差异，“Δ2”表示 $Model_A$ 与 $Model_{AV}$ 平均耗时之间的百分比差异，“Δ3”表示 $Model_A$ 与 $Model_{AV}$ 所需探索节点数之间的百分比差异。

表 3.3 比较 Model$_O$和 Model$_A$

算例	Model$_O$						Model$_A$						Δ/%		
	LB	UB	Time/秒	Gap	Vars	Cons	LB	UB	Time/秒	Gap	Vars	Cons	Δ1	Δ2	Δ3
5N2M_ 1	391.5	391.5	1.9	0.0	889	2683	391.5	391.5	3.0	0.0	473	1072	0.0	-46.8	-60.0
6N2M_ 1	957.7	957.7	105.0	0.0	2689	8621	957.7	957.7	20.4	0.0	1265	2808	0.0	-53.0	-67.4
7N2M_ 1	977.8	977.8	1877.5	0.0	7809	26118	977.8	977.8	447.7	0.0	3265	7148	0.0	-58.2	-72.6
8N2M_ 1	817.2	817.2	1256.4	0.0	5473	18878	817.2	817.2	229.6	0.0	2048	4464	0.0	-62.6	-76.4
9N2M_ 1	921.2	921.2	24518.3	0.0	13951	49237	921.2	921.2	8592.8	0.0	4711	10161	0.0	-66.2	-79.4
10N2M_ 1	757.9	829.5	11480.2	9.5	18481	66383	829.5	829.5	2865.4	0.0	5671	12160	9.5	-69.3	-81.7
5N4M_ 1	940.5	940.5	579.9	0.0	993	3321	940.5	940.5	24.6	0.0	721	1764	0.0	-27.4	-46.9
6N4M_ 1	1055.7	1055.7	4174.6	0.0	1465	5166	1055.7	1055.7	10.3	0.0	977	2336	0.0	-33.3	-54.8
7N4M_ 1	844.9	1575.0	3124.1	86.4	5221	19072	1161.0	1481.1	4035.9	27.6	3181	7386	37.4	-39.1	-61.3
8N4M_ 1	1076.6	2115.8	2731.5	96.5	5055	18934	1622.7	1828.3	7357.8	12.7	2815	6462	50.7	-44.3	-65.9
9N4M_ 1	869.2	1484.4	4845.3	70.8	5833	22240	1161.2	1161.2	2428.4	0.0	2977	6762	33.6	-49.0	-69.6
10N4M_ 1	581.1	1371.7	3229.7	136.1	10225	39477	802.4	1207.6	2824.0	50.5	4801	10768	38.1	-53.1	-72.7
5N6M_ 1	1746.9	1888.2	11378.8	8.1	5207	18745	1792.0	1792.0	263.5	0.0	4599	11441	2.6	-11.7	-39.0
6N6M_ 1	1607.5	2097.4	26819.6	30.5	14257	54050	1776.7	1979.8	4198.4	11.4	11881	28728	10.5	-16.7	-46.9
7N6M_ 1	1424.8	1737.9	15915.5	22.0	16681	65414	1299.8	1631.1	2594.4	25.5	12961	30714	8.8	-22.3	-53.1
8N6M_ 1	1383.1	1682.3	18342.6	21.6	21281	85334	1051.2	1578.3	5211.1	50.2	15345	35768	-24.0	-27.9	-58.1
9N6M_ 1	1495.9	2794.1	36248.3	86.8	5071	20653	1544.7	2563.2	522.0	65.9	4069	9438	3.3	-19.8	-54.3
10N6M_ 1	1128.2	2017.6	15601.5	78.8	46341	190453	1162.0	1467.3	2492.6	26.3	4111	9440	3.0	-91.1	-95.0
Avg.	1054.3				1038456		1125.8				4770		8.7	-54.1	-64.2

由表 3.4 可知，$Model_{AV}$针对绝大多数算法都能获得最优解。与 $Model_A$ 相比，$Model_{AV}$多求解 6 个算例。针对 $Model_A$ 和 $Model_{AV}$ 都能求得最优解的 10 个算例，从平均值看，$Model_{AV}$ 相对于 $Model_A$ 把所需花费时间和所需探索节点数分别节约了 97.87%和 95.99%。另外，针对每个算例，$Model_{AV}$ 获得更高质量下界，把下界平均提高了 13.17%，最大可提高 50.4%。结果表明，本书提出的有效不等式可显著地帮助模型获得最优解或高质量的下界，进而可为此问题的特性挖掘及高效算法设计奠定基础。

3.5.4 改进变邻域搜索算法效果测试

为测试本书改进的变邻域搜索算法求解效果，用该算法测试第 3.1 部分生成的 90 个算例，并把测试结果分别与 Chen 等(2014)提出的变邻域搜索算法和本研究 $Model_{AV}$ 的测试结果做比较。在表 3.5~表 3.7 中，“VNS”表示 Chen 等(2014)变邻域搜索算法的测试结果，“AVNS”表示本书改进变邻域搜索算法的测试结果，“CPLEX”表示本书 $Model_{AV}$ 的测试结果。“VNS_B”“VNS_A”和“T_1”分别表示 VNS 测试每个算例 5 次获得的最好解、平均解和获得最好解所用时间。“$AVNS_B$”“$AVNS_A$”和“T_2”分别表示 AVNS 测试每个算例 5 次所获得的最好解、平均解和获得最好解所用的时间。“LB”“UB”和“Time”分别表示 $Model_{AV}$ 求解获得的下界、上界和花费时间。“Δ1”“Δ2”“Δ3”“Δ4”分别表示 $AVNS_B$ 与 LB 之间的百分比差异、$AVNS_B$ 与 VNS_B 之间的百分比差异、T_2 与 T_1 之间的百分比差异、$AVNS_B$ 与 $AVNS_A$ 之间的百分比差异。另外，算例前面的“ * ”号表示针对此算例，本书改进变邻域搜索算法能获得最优解，而 Chen 等(2014)中变邻域搜索算法不能获得最优解；算例前面的“+”号表示针对此算例，虽然本书改进变邻域搜索算法不能获得最优解，但所获得的解优于 Chen 等(2014)中变邻域搜索算法获得的解；算例前面的“-”表示针对此算例，本书改进变邻域搜索算法获得的解劣于 Chen 等(2014)中变邻域搜索算法获得的解。

表 3.4 比较 $Model_A$ 和 $Model_{AV}$

算例	$Model_A$					$Model_{AV}$					Δ/%		
	LB	UB	Time/秒	Node	Gap	LB	UB	Time/秒	Node	Gap	Δ1	Δ2	Δ3
5N2M_ 1	391. 5	391. 5	3. 0	140	0. 0	391. 5	391. 5	2. 1	0	0. 0	0. 0	-27. 8	-100. 0
6N2M_ 1	957. 7	957. 7	20. 4	20641	0. 0	957. 7	957. 7	2. 9	326	0. 0	0. 0	-85. 7	-98. 4
7N2M_ 1	977. 8	977. 8	447. 7	286436	0. 0	977. 8	977. 8	13. 6	1678	0. 0	0. 0	-97. 0	-99. 4
8N2M_ 1	817. 2	817. 2	229. 6	199828	0. 0	817. 2	817. 2	24. 2	2095	0. 0	0. 0	-89. 5	-99. 0
9N2M_ 1	921. 2	921. 2	8592. 8	1687283	0. 0	921. 2	921. 2	99. 4	49107	0. 0	0. 0	-98. 8	-97. 1
10N2M_ 1	829. 5	829. 5	2865. 4	796037	0. 0	829. 5	829. 5	23. 9	11564	0. 0	0. 0	-99. 2	-98. 6
5N4M_ 1	940. 5	940. 5	24. 6	53528	0. 0	940. 5	940. 5	1. 5	1696	0. 0	0. 0	-94. 0	-96. 8
6N4M_ 1	1055. 7	1055. 7	10. 3	10308	0. 0	1055. 7	1055. 7	13. 4	8913	0. 0	0. 0	30. 2	-13. 5
7N4M_ 1	1161. 0	1481. 1	4035. 9	642076	27. 6	1481. 1	1481. 1	162. 4	83520	0. 0	27. 6	-96. 0	-87. 0
8N4M_ 1	1622. 7	1828. 3	7357. 8	1107352	12. 7	1818. 5	1818. 5	1072. 5	400238	0. 0	12. 1	-85. 4	-63. 9
9N4M_ 1	1161. 2	1161. 2	2428. 4	248489	0. 0	1161. 2	1161. 2	121. 8	36760	0. 0	0. 0	-95. 0	-85. 2
10N4M_ 1	802. 4	1207. 6	2824. 0	814153	50. 5	1206. 5	1206. 5	628. 3	702619	0. 0	50. 4	-77. 8	-13. 7
5N6M_ 1	1792. 0	1792. 0	263. 5	213322	0. 0	1792. 0	1792. 0	14. 8	28877	0. 0	0. 0	-94. 4	-86. 5
6N6M_ 1	1776. 7	1979. 8	4198. 4	481578	11. 4	1979. 5	1979. 5	236. 6	31843	0. 0	11. 4	-94. 4	-93. 4
7N6M_ 1	1299. 8	1631. 1	2594. 4	368912	25. 5	1599. 1	1599. 1	169. 1	41076	0. 0	23. 0	-93. 5	-88. 9
8N6M_ 1	1051. 2	1578. 3	5211. 1	317560	50. 2	1520. 2	1520. 2	139. 4	64072	0. 0	44. 6	-97. 3	-79. 8
9N6M_ 1	1544. 7	2563. 2	522. 0	58175	65. 9	2087. 0	2261. 5	436. 8	20536	8. 8	35. 8	-16. 3	-64. 7
10N6M_ 1	1162. 0	1467. 3	2492. 6	399421	26. 3	1386. 4	1466. 9	5324. 7	143095	11. 0	19. 3	113. 6	-64. 2
Avg.	1125. 8					1274. 0					13. 2	-66. 6	-79. 4

由表 3.5~表 3.7 可知，CPLEX($Model_{AV}$)在 48 小时内能对绝大多数算例(88/90)获得最优解。AVNS 在 100 秒内能够对 57 个算例(表 3.5 中 27 个算例，表 3.6 中 19 个算例，表 3.7 中 11 个算例)获得最优解。针对其他 33 个算例，即使 AVNS 不能获得最优解，由“Δ1”也可知，所获得解与 CPLEX 获得下界之间的百分比差异均小于 8%。另外，随着问题规模的扩大，CPELX 求解能力迅速下降，但 AVNS 求解能力受此影响较小。故 AVNS 在较短时间内能够对本研究问题提供最优解或近似最优解。

针对测试的 90 个算例，VNS 在 1800 秒内能对其中 39 个算例求出最优解。而 AVNS 在 100 秒内不仅能够对这 39 个算例求出最优解，而且对其他 17 个算例(“ * ”标注)也能求出最优解。另外，针对 AVNS 和 VNS 都不能获得最优解的 33 个算例，AVNS 相对 VNS 能够对其中 22 个算例获得更好的解。

由“Δ2”可知，与 VNS 相比，AVNS 把解的质量最大可提高 8.95%，平均可提高 1.84%。由“Δ3”可知，AVNS 相对 VNS 把求解时间平均节约了 90.69%。由“Δ4”可知，$AVNS_B$与 $AVNS_A$之间的百分比差异均在 4%以内，表明 AVNS 具有较好的稳定性。综上，本书改进的变邻域搜索算法在较短时间内能够对研究问题提供高质量的解，且在求解质量、求解时间和鲁棒性上都明显优于 Chen 等(2014)中的变邻域搜索算法。该算法表现良好的主要原因在于采用多个初始解策略、更高效的邻域结构和更灵活的搜索机制。因此，本书改进的算法能够为现企业的实际运营决策者提供更有价值的指导建议。

本书可提供的管理启示如下：①在实际运营中，运输方案根据经验由人工制定。由于人工的局限性，通常造成原料资源及车辆利用低下，运营成本浪费严重。本书基于资源整合在全局视角下制定的运输方案能够显著地帮助企业节约运输路径、人工和车辆等资源，降低运营成本。②本书所提出的方法自动化程度高及计算速度快，能够代替一些人工操作，从而提高运营效率。③本书所提出的方法需要依赖整合资源，建立物流集中管控部门，目前很多企业的物流集中管控还处于落后状态，本书可以帮助企业推进物流集中管控部门的建设，以从全局指导所有物流操作来提高整体运营效率，提高企业竞争力。

表 3.5　2 种商品的测试结果

算例	VNS			AVNS			CPLEX ($Model_{AV}$)			Δ/%			
	VNS_B	VNS_A	T_1/秒	$AVNS_B$	$AVNS_A$	T_2/秒	LB	UB	Time/秒	Δ1	Δ2	Δ3	Δ4
5N2M_ 1	391. 5	391. 5	96. 3	391. 5	391. 5	14. 7	391. 5	391. 5	2. 1	0. 0	0. 0	-84. 7	0. 0
5N2M_ 2	965. 8	965. 8	196. 7	965. 8	965. 8	21. 7	965. 8	965. 8	2. 5	0. 0	0. 0	-89. 0	0. 0
(*)5N2M_ 3	854. 6	854. 6	208. 7	819. 4	819. 4	23. 2	819. 4	819. 4	3. 3	0. 0	-4. 1	-88. 9	0. 0
5N2M_ 4	264. 3	264. 3	67. 2	264. 3	264. 3	3. 1	264. 3	264. 3	2. 1	0. 0	0. 0	-95. 4	0. 0
5N2M_ 5	1217. 8	1217. 8	216. 9	1217. 8	1217. 8	19. 7	1217. 8	1217. 8	5. 0	0. 0	0. 0	-90. 9	0. 0
Avg.	738. 8	738. 8	157. 2	731. 8	731. 8	16. 5	731. 8	731. 8	3. 0	0. 0	-0. 8	-89. 8	0. 0
6N2M_ 1	957. 7	957. 7	156. 3	957. 7	957. 7	25. 6	957. 7	957. 7	2. 9	0. 0	0. 0	-83. 6	0. 0
6N2M_ 2	1045. 2	1045. 2	153. 9	1045. 2	1045. 2	18. 9	1045. 2	1045. 2	3. 2	0. 0	0. 0	-87. 7	0. 0
6N2M_ 3	443. 8	443. 8	86. 9	443. 8	443. 8	15. 2	443. 8	443. 8	2. 8	0. 0	0. 0	-82. 5	0. 0
(*)6N2M_ 4	746. 3	746. 3	128. 9	743. 6	743. 6	23. 8	743. 6	743. 6	3. 5	0. 0	-0. 4	-81. 6	0. 0
6N2M_ 5	204. 5	204. 5	50. 8	204. 5	204. 5	10. 2	204. 5	204. 5	2. 0	0. 0	0. 0	-79. 9	0. 0
Avg.	679. 5	679. 5	115. 4	679. 0	679. 0	18. 7	679. 0	679. 0	2. 9	0. 0	-0. 1	-83. 1	0. 0
7N2M_ 1	977. 8	977. 8	291. 6	977. 8	977. 8	33. 7	977. 8	977. 8	13. 9	0. 0	0. 0	-88. 4	0. 0
7N2M_ 2	701. 9	701. 9	190. 6	701. 9	701. 9	28. 8	701. 9	701. 9	2. 1	0. 0	0. 0	-84. 9	0. 0
(*)7N2M_ 3	1202. 9	1202. 9	416. 5	1139. 4	1139. 4	35. 4	1139. 4	1139. 4	4. 5	0. 0	-5. 3	-91. 5	0. 0
(+)7N2M_ 4	910. 9	910. 9	281. 2	856. 3	867. 8	26. 6	838. 1	838. 1	3. 1	2. 2	-6. 0	-90. 5	-1. 3
7N2M_ 5	716. 2	716. 2	161. 1	716. 2	716. 2	21. 9	716. 2	716. 2	3. 0	0. 0	0. 0	-86. 4	0. 0
Avg.	901. 9	901. 9	268. 2	878. 3	880. 6	29. 3	874. 7	874. 7	5. 3	0. 4	-2. 3	-88. 4	-0. 3

续表

算例	VNS			AVNS			CPLEX ($Model_{AV}$)			Δ/%			
	VNS_B	VNS_A	T_1/秒	$AVNS_B$	$AVNS_A$	T_2/秒	LB	UB	Time/秒	Δ1	Δ2	Δ3	Δ4
8N2M_ 1	817. 2	817. 2	222. 9	817. 2	817. 2	31. 1	817. 2	817. 2	24. 2	0. 0	0. 0	-86. 0	0. 0
(+)8N2M_ 2	956. 1	957. 7	259. 2	955. 1	955. 9	37. 0	940. 6	940. 6	6. 1	1. 5	-0. 1	-85. 7	-0. 1
8N2M_ 3	739. 6	758. 1	242. 1	739. 6	741. 4	35. 3	739. 6	739. 6	3. 3	0. 0	0. 0	-85. 4	-0. 2
8N2M_ 4	756. 8	756. 8	181. 0	756. 8	756. 8	32. 4	756. 8	756. 8	3. 1	0. 0	0. 0	-82. 1	0. 0
8N2M_ 5	803. 4	803. 4	149. 7	803. 4	803. 4	17. 7	803. 4	803. 4	4. 7	0. 0	0. 0	-88. 2	0. 0
Avg.	814. 6	818. 6	211. 0	814. 4	814. 9	30. 7	811. 5	811. 5	8. 2	0. 3	0. 0	-85. 5	-0. 1
(*)9N2M_ 1	970. 5	993. 3	272. 7	921. 2	938. 0	37. 1	921. 2	921. 2	99. 4	0. 0	-5. 1	-86. 4	-1. 8
(*)9N2M_ 2	897. 1	900. 2	328. 7	879. 4	891. 7	44. 5	879. 4	879. 4	66. 7	0. 0	-2. 0	-86. 5	-1. 4
(*)9N2M_ 3	808. 3	831. 8	1707. 1	805. 82.	807. 3	41. 9	805. 8	805. 8	44. 4	0. 0	-0. 3	-97. 5	-0. 2
9N2M_ 4	716. 6	716. 6	196. 8	716. 6	716. 6	17. 4	716. 6	716. 6	3. 6	0. 0	0. 0	-91. 2	0. 0
9N2M_ 5	425. 3	425. 3	179. 4	425. 3	425. 3	29. 3	425. 3	425. 3	3. 4	0. 0	0. 0	-83. 7	0. 0
Avg.	763. 6	773. 4	536. 9	749. 7	755. 8	34. 1	749. 7	749. 7	43. 5	0. 0	-1. 5	-89. 0	-0. 7
(*)10N2M_ 1	849. 1	873. 6	365. 1	829. 5	829. 5	42. 1	829. 5	829. 5	23. 9	0. 0	-2. 3	-88. 5	0. 0
10N2M_ 2	426. 0	429. 2	172. 5	426. 0	426. 0	26. 4	426. 0	426. 0	13. 1	0. 0	0. 0	-84. 7	0. 0
10N2M_ 3	1715. 8	1715. 8	291. 6	1715. 8	1715. 8	24. 9	1715. 8	1715. 8	19027. 9	0. 0	0. 0	-91. 5	0. 0
(+)10N2M_ 4	747. 5	747. 5	225. 6	743. 1	743. 1	28. 9	742. 2	742. 2	104. 3	0. 1	-0. 6	-87. 2	0. 0
10N2M_ 5	1774. 8	1774. 8	965. 9	1774. 8	1774. 8	34. 5	1774. 8	1774. 8	2481. 4	0. 0	0. 0	-96. 4	0. 0
Avg.	1102. 6	1108. 2	404. 2	1097. 8	1097. 8	31. 4	1097. 7	1097. 7	4330. 1	0. 0	-0. 6	-89. 7	0. 0

表 3.6 4 种商品的测试结果

算例	VNS			AVNS			CPLEX ($Model_{AV}$)			Δ/%			
	VNS_B	VNS_A	T_1/秒	$AVNS_B$	$AVNS_A$	T_2/秒	LB	UB	Time/秒	Δ1	Δ2	Δ3	Δ4
5N4M_ 1	940. 5	947. 8	917. 2	940. 5	940. 5	50. 2	940. 5	940. 5	4. 5	0. 0	0. 0	-94. 5	0. 0
5N4M_ 2	721. 2	721. 2	176. 7	721. 2	721. 2	31. 2	721. 2	721. 2	3. 0	0. 0	0. 0	-82. 3	0. 0
(*)5N4M_ 3	879. 9	882. 6	458. 6	870. 6	870. 6	37. 5	870. 6	870. 6	4. 2	0. 0	-1. 1	-91. 8	0. 0
5N4M_ 4	1192. 6	1192. 6	198. 7	1192. 6	1192. 6	18. 2	1192. 6	1192. 6	3. 6	0. 0	0. 0	-90. 8	0. 0
(*)5N4M_ 5	1695. 0	1697. 5	469. 0	1681. 7	1688. 4	34. 3	1681. 7	1681. 7	7. 5	0. 0	-0. 8	-92. 7	-0. 4
Avg.	1085. 9	1088. 3	444. 0	1081. 3	1082. 7	34. 3	1081. 3	1081. 3	4. 5	0. 0	-0. 4	-90. 4	-0. 1
6N4M_ 1	1055. 7	1055. 7	318. 3	1055. 7	1055. 7	43. 9	1055. 7	1055. 7	13. 4	0. 0	0. 0	-86. 2	0. 0
(*)6N4M_ 2	1202. 4	1278. 7	1631. 6	1147. 3	1150. 1	46. 8	1147. 3	1147. 3	5. 4	0. 0	-4. 6	-97. 1	-0. 2
6N4M_ 3	718. 0	718. 0	231. 8	718. 0	718. 0	22. 3	718. 0	718. 0	3. 9	0. 0	0. 0	-90. 4	0. 0
6N4M_ 4	2117. 5	2119. 8	668. 2	2117. 5	2117. 5	39. 5	2117. 5	2117. 5	73. 2	0. 0	0. 0	-94. 1	0. 0
6N4M_ 5	906. 7	906. 7	247. 9	906. 7	906. 7	22. 6	906. 7	906. 7	4. 7	0. 0	0. 0	-90. 9	0. 0
Avg.	1200. 1	1215. 8	619. 6	1189. 0	1189. 6	35. 0	1189. 0	1189. 0	20. 1	0. 0	-0. 9	-91. 7	-0. 1
7N4M_ 1	906. 7	906. 7	247. 9	906. 7	906. 7	22. 6	906. 7	906. 7	4. 7	0. 0	0. 0	-90. 9	0. 0
(*)7N4M_ 2	1200. 1	1215. 8	619. 6	1189. 0	1189. 6	35. 0	1189. 0	1189. 0	20. 1	0. 0	-0. 9	-91. 7	-0. 1
(*)7N4M_ 3	1481. 1	1490. 3	507. 1	1481. 1	1481. 1	42. 5	1481. 1	1481. 1	162. 4	0. 0	0. 0	-91. 6	0. 0
(*)7N4M_ 4	1598. 7	1598. 7	842. 5	1583. 7	1586. 8	54. 0	1583. 7	1583. 7	8. 0	0. 0	-0. 9	-93. 6	-0. 2
(+)7N4M_ 5	1261. 3	1279. 5	498. 7	1257. 7	1257. 7	34. 3	1257. 7	1257. 7	9. 9	0. 0	-0. 3	-93. 1	0. 0
Avg.	1010. 8	1024. 9	689. 7	999. 3	1005. 0	41. 0	999. 3	999. 3	14. 6	0. 0	-1. 1	-94. 1	-0. 6

续表

算例	VNS			AVNS			CPLEX ($Model_{AV}$)			Δ/%			
	VNS_B	VNS_A	T_1/秒	$AVNS_B$	$AVNS_A$	T_2/秒	LB	UB	Time/秒	Δ1	Δ2	Δ3	Δ4
(+)8N4M_ 1	1356. 0	1446. 2	1254. 3	1319. 1	1344. 3	61. 8	1303. 9	1303. 9	195. 5	1. 2	-2. 7	-95. 1	-1. 9
(-)8N4M_ 2	1341. 6	1367. 9	758. 4	1328. 2	1335. 0	46. 7	1325. 1	1325. 1	78. 1	0. 2	-1. 0	-93. 5	-0. 5
8N4M_ 3	1990. 1	1990. 1	629. 4	1829. 0	1834. 6	46. 9	1818. 5	1818. 5	1072. 5	0. 6	-8. 1	-92. 6	-0. 3
(+)8N4M_ 4	1487. 8	1492. 7	886. 5	1493. 4	1493. 7	52. 2	1449. 9	1449. 9	924. 8	3. 0	0. 4	-94. 1	0. 0
8N4M_ 5	866. 0	866. 0	295. 7	866. 0	866. 0	24. 1	866. 0	866. 0	4. 0	0. 0	0. 0	-91. 8	0. 0
Avg.	1540. 8	1615. 6	454. 1	1501. 4	1501. 9	62. 7	1417. 2	1417. 2	168. 5	5. 9	-2. 6	-86. 2	0. 0
(*)9N4M_ 1	1482. 5	1510. 4	1800. 0	1482. 5	1487. 8	48. 3	1474. 5	1474. 5	8. 8	0. 6	0. 0	-97. 3	-0. 4
9N4M_ 2	1473. 5	1495. 0	813. 2	1434. 5	1436. 8	46. 9	1405. 2	1405. 2	435. 7	2. 0	-2. 1	-92. 4	-0. 1
9N4M_ 3	1174. 4	1232. 6	995. 8	1161. 2	1201. 9	54. 3	1161. 2	1161. 2	121. 8	0. 0	-1. 1	-94. 6	-3. 5
9N4M_ 4	876. 3	876. 3	261. 4	876. 3	876. 3	44. 4	876. 3	876. 3	17. 6	0. 0	0. 0	-83. 0	0. 0
9N4M_ 5	1466. 4	1466. 4	332. 5	1466. 4	1466. 4	40. 0	1466. 1	1466. 1	28. 8	0. 0	0. 0	-88. 0	0. 0
Avg.	876. 2	876. 4	443. 7	876. 2	876. 2	43. 1	876. 2	876. 2	44. 2	0. 0	0. 0	-90. 3	0. 0
10N4M_ 1	942. 6	942. 6	300. 9	942. 6	942. 6	34. 1	942. 6	942. 6	25. 8	0. 0	0. 0	-88. 7	0. 0
(-)10N4M_ 2	1067. 2	1078. 8	466. 9	1064. 5	1072. 7	43. 2	1064. 5	1064. 5	47. 6	0. 0	-0. 2	-88. 9	-0. 7
(+)10N4M_ 3	1218. 4	1227. 5	1095. 9	1218. 4	1220. 4	66. 3	1206. 5	1206. 5	628. 3	1. 0	0. 0	-94. 0	-0. 2
(-)10N4M_ 4	1098. 4	1119. 8	505. 9	1110. 8	1118. 0	54. 9	1094. 3	1094. 3	9. 4	1. 5	1. 1	-89. 2	-0. 7
(+)10N4M_ 5	1534. 9	1561. 6	1472. 2	1489. 0	1489. 0	49. 7	1450. 4	1450. 4	30. 2	2. 7	-3. 0	-96. 6	0. 0
Avg.	1291. 4	1326. 6	1123. 6	1338. 7	1348. 7	70. 2	1256. 2	1256. 2	1326. 5	6. 6	3. 7	-93. 8	-0. 8

表 3.7　6 种商品的测试结果

算例	VNS			AVNS			CPLEX(Model$_{AV}$)			Δ/%			
	VNS$_B$	VNS$_A$	T_1/秒	AVNS$_B$	AVNS$_A$	T_2/秒	LB	UB	Time/秒	Δ1	Δ2	Δ3	Δ4
(+)5N6M_ 1	1863.6	1863.6	258.8	1806.6	1825.9	23.3	1792.0	1792.0	14.8	0.0	-3.1	-91.0	-1.1
5N6M_ 2	1833.8	1842.6	1800.0	1833.8	1833.8	46.2	1820.7	1820.7	92.8	0.7	0.0	-97.4	0.0
5N6M_ 3	855.0	855.0	179.9	855.0	855.0	15.7	855.0	855.0	2.8	0.0	0.0	-91.3	0.0
(+)5N6M_ 4	2515.8	2572.9	1169.0	2488.2	2516.4	26.9	2478.5	2478.5	86.7	0.4	-1.1	-97.7	-1.1
(*)5N6M_ 5	696.9	696.9	147.5	673.9	673.9	15.8	673.9	673.9	3.0	0.0	-3.3	-89.3	0.0
Avg.	1553.0	1566.2	711.0	1531.5	1541.0	25.6	1524.0	1524.0	40.0	0.2	-1.5	-93.3	-0.4
(-)6N6M_ 1	2050.7	2154.8	690.7	2058.4	2074.8	57.6	1979.5	1979.5	236.6	4.0	0.4	-91.7	-0.8
(+)6N6M_ 2	1594.4	1594.4	331.1	1589.7	1589.7	49.1	1529.9	1529.9	6.0	3.9	-0.3	-85.2	0.0
(+)6N6M_ 3	1609.8	1616.6	837.6	1591.1	1594.0	56.4	1588.5	1588.5	43.2	0.2	-1.2	-93.3	-0.2
6N6M_ 4	1929.9	2019.7	595.4	1929.9	1935.4	62.1	1894.5	1894.5	7.4	1.9	0.0	-89.6	-0.3
6N6M_ 5	1624.6	1691.7	489.6	1624.6	1663.0	50.4	1624.6	1624.6	4.9	0.0	0.0	-89.7	-2.4
Avg.	1761.9	1815.4	588.9	1758.7	1771.4	55.1	1723.4	1723.4	59.6	2.0	-0.2	-89.9	-0.7
(-)7N6M_ 1	1646.1	1746.6	690.6	1665.6	1698.6	48.9	1599.1	1599.1	169.1	4.2	1.2	-92.9	-2.0
(+)7N6M_ 2	1338.4	1372.5	698.9	1323.2	1331.8	60.7	1301.7	1301.7	8.6	1.7	-1.1	-91.3	-0.7
7N6M_ 3	932.0	937.4	393.2	932.0	932.0	45.5	932.0	932.0	6.1	0.0	0.0	-88.4	0.0
7N6M_ 4	2029.5	2079.6	440.3	2029.5	2029.5	43.9	2014.1	2014.1	4.4	0.8	0.0	-90.0	0.0
(+)7N6M_ 5	2362.4	2492.8	1800.0	2297.6	2306.0	73.0	2271.9	2271.9	199.5	1.1	-2.7	-95.9	-0.4
Avg.	1661.7	1725.8	804.6	1649.6	1659.6	54.4	1623.8	1623.8	77.5	1.5	-0.1	-91.7	-0.6

续表

算例	VNS			AVNS			CPLEX($Model_{AV}$)			Δ/%			
	VNS_B	VNS_A	T_1/秒	$AVNS_B$	$AVNS_A$	T_2/秒	LB	UB	Time/秒	Δ1	Δ2	Δ3	Δ4
(+)8N6M_ 1	1611. 2	1611. 2	407. 9	1562. 7	1571. 3	67. 0	1520. 2	1520. 2	139. 4	2. 8	-3. 0	-83. 6	-0. 6
(+)8N6M_ 2	1567. 9	1727. 2	879. 3	1546. 0	1590. 6	80. 3	1543. 0	1543. 0	416. 5	0. 2	-1. 4	-90. 9	-2. 9
(+)8N6M_ 3	1698. 5	1702. 5	1342. 3	1658. 7	1678. 6	66. 7	1623. 5	1623. 5	396. 6	2. 2	-2. 3	-95. 0	-1. 2
(+)8N6M_ 4	1715. 9	1728. 1	518. 8	1691. 5	1705. 5	67. 2	1656. 4	1656. 4	89. 4	2. 1	-1. 4	-87. 1	-0. 8
(+)8N6M_ 5	2229. 5	2229. 5	656. 3	2228. 2	2228. 7	66. 8	2143. 9	2143. 9	226. 7	3. 9	-0. 1	-89. 8	0. 0
Avg.	1764. 6	1799. 7	760. 9	1737. 4	1755. 0	69. 6	1697. 4	1697. 4	253. 7	2. 2	-1. 7	-89. 3	-1. 1
(*)9N6M_ 1	2092. 4	2209. 9	1451. 1	2087. 0	2103. 2	74. 0	2087. 0	2261. 5	436. 8	0. 0	-0. 3	-94. 9	-0. 8
9N6M_ 2	1829. 5	1893. 5	702. 9	1829. 5	1883. 5	65. 9	1825. 7	1825. 7	536. 7	0. 2	0. 0	-90. 6	-3. 0
9N6M_ 3	841. 6	841. 6	246. 0	841. 6	841. 6	34. 9	841. 6	841. 6	3. 6	0. 0	0. 0	-85. 8	0. 0
9N6M_ 4	2794. 7	2837. 1	687. 3	2794. 7	2813. 4	49. 7	2794. 7	2794. 7	3268. 2	0. 0	0. 0	-92. 8	-0. 7
9N6M_ 5	1220. 0	1220. 0	434. 4	1220. 0	1220. 0	48. 6	1220. 0	1220. 0	26. 1	0. 0	0. 0	-88. 8	0. 0
Avg.	1755. 6	1800. 4	704. 3	1754. 6	1772. 4	54. 6	1753. 8	1788. 7	854. 3	0. 0	-0. 1	-90. 6	-0. 9
(+)10N6M_ 1	1514. 7	1612. 1	1800. 0	1495. 7	1504. 8	97. 7	1386. 4	1466. 9	5324. 7	7. 9	-1. 3	-94. 6	-0. 6
(+)10N6M_ 2	2120. 3	2333. 2	1666. 6	2096. 1	2260. 7	63. 3	2008. 6	2008. 6	716. 3	4. 4	-1. 1	-96. 2	-7. 9
10N6M_ 3	970. 1	973. 6	585. 6	970. 1	971. 8	98. 5	970. 1	970. 1	328. 5	0. 0	0. 0	-83. 2	-0. 2
(*)10N6M_ 4	2332. 0	2332. 0	755. 5	2123. 4	2152. 8	67. 9	2123. 4	2123. 4	640. 8	0. 0	-9. 0	-91. 0	-1. 4
(+)10N6M_ 5	2030. 9	2114. 2	626. 7	1997. 9	2038. 8	59. 7	1915. 4	1915. 4	1792. 5	4. 3	-1. 6	-90. 5	-2. 1
Avg.	1793. 6	1873. 0	1086. 9	1736. 6	1785. 8	77. 4	1680. 8	1696. 9	1760. 6	3. 3	-2. 6	-91. 1	-2. 4

3.6　本章小结

基于多点生产系统中原料调拨优化，对单车场、单车型、单次访问条件下的多商品供需未匹配取送货车辆路径问题进行了研究。首先，通过引入更简捷有效的“服务次序约束”和“装卸约束”，建立了更紧凑的数学规划模型。其次，基于对问题特性的分析，提出了一系列有效不等式来加强模型。最后，通过嵌入多个初始可行解、整合高效邻域结构和探索更灵活搜索机制，提出了改进的变邻域搜索算法来快速获得高质量的可行解。实验部分借助于文献中已有算例，通过与已有模型和算法做比较，对本书改进的模型、有效不等式及启发式算法的效果进行测试。结果表明：①本书改进的模型更加简便，提出的有效不等式能够帮助模型获得最优解或高质量下界，为复杂取送货车辆路径问题的理论研究奠定了基础。②本书所提出的算法能够快速获得高质量的解，且在求解质量和求解时间上均明显优于文献中已有算法，更有利于帮助企业提高运营效率，降低运营成本，进而为企业的实际生产运营提供更有价值的指导建议。

4

多车场多车型单次访问条件下多商品供需未匹配取送货车辆路径问题模型与算法

4.1 引言

VRP 广泛应用于物流配送领域(侯立文等，2007；符卓等，2017)。特别是，随着环保意识的增强和客户退换货服务需求的增长，食品、服装、电子和汽车等众多行业通过整合正向和逆向物流以实现物流降本增效。在此背景下，VRPPD 研究得到了普遍重视和快速发展。在客户均具有送货和取货需求的设定下，该问题研究车辆从中心仓库出发，通过依次访问的方式，将中心仓库的货物配送给客户并收集客户处的包装物或退换货物，最终返回中心仓库的路径规划问题。

传统 VRPPD 探讨客户取送货需求均由中心仓库来满足的情况，每个客户的送货量及货物来源地(中心仓库)、取货量及货物目的地(中心仓库)事先确定，属于一对多(正向配送)或多对一(逆向回收)的供需已匹配(Paired Supply-Demand)取送货模式。而在多点生产、销售系统实际运营中，不同种类货物存放于各客户(代表分厂或分店)，每个客户需求均由其他客户的库存来满足，但它们之间的具体供需匹配关系及相应匹配数量未知，属于多对多供需未匹配(Unpaired Supply-Demand)的取送货模式(Battara et al.，2014)。例如，多点生产的石油炼化企业在石油精炼中需要多种等级的原油作为原材料，而每家炼油厂根据所在地生产的油品通常只能提供一种或几种等级的原油，进行石油精炼时其既可向其他炼油厂运送原油，又需从其他炼油厂调用不同等级的原油，需在各炼油厂之间频繁调拨原油以满足所有炼油厂需求。另外，在以衣服、鞋子为代表的连锁零售企业中，各分店每种商品的销售、库存及补货需求情况差异较大，需要分店间相互补货以减少缺货损失。基于此，一些学者(Chen et al.，2014；Xu et al.，2017)研究供需未匹配的可分批取送货车辆路径问题(Unpaired and Split Pickup and Delivery Vehicle Routing Problem，USPDVRP)。该问题可描述为：配送网络中每个客户既是某些商品的供应者又是其他种类商品的需求者，每种商品的供应客户可向其需求客户分批提供商品，研究如何以较低的运输成本在客户间取送货来满足所有客户需求。

USPDVRP 除了具有传统 VRPPD(多车、多商品、同时取送货等)的复杂性外，还具有如下特性：①从客户角度，每个客户可供应、需求不同种类商品，且其商品需求可由其他客户(非中心仓库)来满足；②从商品角度，每种商品同时存在多个供应和需求客户，且每个供应客户可与多个需求客户进行供需匹配，但匹配关系未知，反之亦然；③每个客户的商品供应量和需求量往往大于车辆最大装载能力，需对每个客户进行分批取送货以满足其需求。因此，求解此类问题需分析每个客户的每种商品需求应由其他哪些客户来供应及相应数量(供需匹配关系)、如何制定运输成本较小的客户访问路径完成相应取送货任务(路径规划)。相对于传统 VR-PPD，USDSPDVRP 不仅需进行更复杂的客户间访问路径决策(分批取送货)，还需进行客户间供需匹配决策，属于更难求解的 NP-hard 问题。

近年来，VRPPD 获得了越来越多的关注(陈希琼等，2018)，相关研究集中在供需已匹配(传统)的 VRPPD 领域，如已有需求可拆分 VRPPD (Nagy et al.，2015)、带时间窗 VRPPD(Wang et al.，2015；王超等，2018)、多目标 VRPPD(Wang et al.，2015；陈希琼等，2018)、多车型 VRPPD(Avci and Topaloglu，2016；王旭坪等，2018)、配送车辆实时 VRPPD(吴腾宇等，2018)、路线不对称 VRPPD(Agarwal and Venkateshan，2020)等多种变化形态。相比以上传统 VRPPD，USPDVRP 松弛了客户间供

需匹配关系已知的假设，使得决策更灵活，能够为企业带来更大的降本增效空间，逐渐引起学者的关注。Salazar-Gonzalez 和 Santos-Hernández（2004a）首先探讨了单商品、单车运输情况下的 USDSPDVRP，随后一些文献设计了此类问题的精确求解算法（Hernández-Pérez and Salazar-Gonzalez，2007；Salazar-Gonzalez and Santos-Hernández，2015）和启发式求解算法（Hernández-Pérez et al.，2004b，2009；Zhao et al.，2009；Mladenović et al.，2012；Hernández-Pérez et al.，2019）。以 Forma 等（2015）、Alvarez-Valdes 等（2016）和 Bulhões（2018）为代表的学者研究了单商品、多车情况下的 USDSPDVRP。多商品运输网络是单商品运输网络的拓展，更具有应用价值（Cui et al.，2014），问题复杂度也急剧增加。Hernández-Pérez 和 Salazar-Gonzalez（2014）研究了多商品、单车运输情况下的 USDSPDVRP，提出分支—切割算法最大可求解 30 个客户、3 种商品的算例。随后，Hernández-Pérez 等（2016）提出了一个三阶段混合启发式算法以求解更大规模的问题。Chen 等（2014）以生产企业分厂间原料调拨为背景，假设“库存无限”首次探讨了多商品、多车情况下的 USDSPDVRP，提出了变邻域搜索算法。Xu 等（2017）通过考虑更贴近现实的“库存有限”情况对此问题做了进一步扩展研究，并提出了禁忌搜索算法，数值实验选取的最大算例为 10 个客户、5 种商品。

综上所述，现有文献多以基于运距的车辆路径成本为优化目标，从商品数、车辆数、库存量、求解算法等视角对 USPDVRP 进行了探讨。而综合考虑基于“运距×运量”的车辆路径成本的研究相对缺失，且较少涉及派车成本、多车场和多车型等现实因素，与实际应用需求存在差异。另外，数值实验所用算例相比企业实例规模较小，实践应用指导意义不强。基于以上分析，本书在考虑多车场、多车型的基础上，研究多商品供需未匹配的可拆分取送货车辆路径问题（MC-USPDVRP-MDMT）。根据企业实际运营特征，建立以最小化运输成本（包括基于“运距×运量”的车辆路径成本和基于额定吨位的固定派车成本）为目标的混合整数数学规划模型，设计基于大规模邻域搜索的迭代局部搜索算法，并借助于相关文献中 18 个算例和 6 个企业实例对模型及算法求解效果进行验证。研究成果不仅可对 USPDVRP 现有理论进行补充，而且可为企业实际运营决策提供更有价值的指导建议。

4.2 模型构建

4.2.1 问题描述及假设

在 MC-USPDVRP 的基础上，结合企业实际运营特征，如运费按“吨公里”方式结算、各分厂在当地就近选择合作运输企业、车型不统一等，对 MC-USDSPDVRP-MDMT 进行数学定义。定义 $G=(N, A)$ 为一个完全图。$N=N_n \cup N_d$ 表示网络节点集合，其中 $N_n=\{1, 2, \cdots, n\}$ 表示客户集合，$N_d=\{n+1, n+2, \cdots, 2n\}$ 表示车场集合，每个车场拥有若干种不同车型的运输车辆。$A=\{(i, j) \mid i \in N, j \in N\}$ 表示各节点之间构成的弧集合，$S=(S_{jm})$ 和 $D=(D_{jm})$ 分别表示客户供应和需求商品数量矩阵（以吨为单位）。目标是寻找成本最小的运输方案以满足所有客户需求。基于现实情况和相关文献，为便于建模，本书考虑假设如下：

（1）每种商品装卸速率相同。本假设基于如下现实：所调研企业每种生产原料包装规格相同（每箱 200 千克）且采用叉车装卸，原料装卸速率相对稳定；相同假设存在于原油调拨问题（Henning et al.，2012）。

（2）每个车场每种车型的车辆数有限（王征等，2011）。在实际运营中，受资金约束，运输企业拥有各种类型车辆数目有限（徐静，2018）。

（3）所有车辆最大工作时间相同且车速恒定（Chen et al.，2014；符卓等，2017；Xu et al.，2017）。

(4)每个客户被同一辆车最多访问一次(王征等，2011；Chen et al.，2014；方文婷等，2019)。

(5)每个客户取送货需求允许多车分批满足(符卓等，2017；潘雯雯等，2016；Chen et al.，2014；Xu et al.，2017)。

4.2.2　数学模型

模型中的符号及解释如表4.1所示。

表4.1　模型中的符号及解释

变量	含义
N_n	表示客户节点集合，$N_n=\{1, 2, \cdots, n\}$
N_d	表示车场节点集合，$N_d=\{n+1, n+2, \cdots, 2n\}$，其中 $n+1$ 表示车场1，即与客户1合作的车场
N	表示网络节点集合，$N=N_n \cup N_d=\{1, 2, \cdots, 2n\}$
V_i	表示车场 i 的车辆集合，其中 $V_{n+1}=\{1, 2, \cdots, K_{n+1}\}$，$V_i=\left\{\sum_{j=n+1}^{i-1} K_j+1, \sum_{j=n+1}^{i-1} K_j+2, \cdots, \sum_{j=n+1}^{i-1} K_j+K_i\right\}$，$\forall i \geqslant n+2$
V	表示车辆集合，$V=\bigcup_{i \in N_d} V_i=\{1, 2, \cdots, K\}$，其中 $K=\sum_{i \in N_d} K_i$
H	表示商品种类集合，其中 $H=\{1, 2, \cdots, M\}$
S_{jm}	表示客户 j 供应商品 m 数量
D_{jm}	表示客户 j 需求商品 m 数量
f_{jm}	表示辅助参数，客户 j 供应商品 m 其取值为1，客户 j 需求商品 m 其取值为-1，客户 j 既不供应也不需求商品 m 其取值为0
c_{ij}	表示从客户 i 直接到客户 j 的行驶距离
t_{ij}	表示从客户 i 直接到客户 j 的行驶时间，等于 c_{ij} 与车速的比值
Q_k	表示车辆 k 最大装载量
G_k	表示车辆 k 固定启用成本
T	表示车辆最大工作时间
π	表示单位运输成本，即吨公里运输成本
W	表示商品装卸速率，即每小时装卸商品的数量

续表

变量	含义
Ω	表示辅助参数，用于消除子回路约束，在数值实验中设定为客户节点总数目 n
x_{ij}^k	0~1 变量，如果车辆 k 从节点 i 直接行驶到节点 j 其值为 1，否则为 0
q_{jm}^k	整数变量，表示车辆 k 在节点 j 取走或投放商品 m 的数量
l_{ijm}^k	整数变量，表示车辆 k 从节点 i 直接行驶到节点 j 装载商品 m 的数量
e_j^k	整数变量，表示车辆 k 访问节点 j 的次序，用于消除子回路

$$\min \sum_{i\in N}\sum_{j\in N}\sum_{m\in H}\sum_{k\in V}\pi l_{ijm}^k c_{ij} + \sum_{i\in N_d}\sum_{k\in V_i} G_k(1 - x_{ii}^k) \tag{4.1}$$

$$\sum_{j\in N} x_{ij}^k = 1,\ \forall i \in N_d,\ k \in V_i \tag{4.2}$$

$$\sum_{j\in N} x_{ji}^k = 1,\ \forall i \in N_d,\ k \in V_i \tag{4.3}$$

$$\sum_{j\in N} x_{ij}^k = 0,\ \forall i \in N_d,\ k \notin V_i \tag{4.4}$$

$$\sum_{j\in N} x_{ji}^k = 0,\ \forall i \in N_d,\ k \notin V_i \tag{4.5}$$

$$\sum_{j\in N_n \setminus \{i-n\}} x_{ij}^k = 0,\ \forall i \in N_d,\ k \in V_i \tag{4.6}$$

$$\sum_{i\in N} x_{ij}^k \leqslant 1,\ \forall j \in N_n,\ k \in V \tag{4.7}$$

$$\sum_{i\in N} x_{ij}^k - \sum_{i\in N} x_{ji}^k = 0,\ \forall j \in N_n,\ k \in V \tag{4.8}$$

$$\sum_{i\in N} l_{ijm}^k + q_{jm}^k f_{jm} - \sum_{i\in N} l_{jim}^k - Q_k \sum_{i\in N} x_{ij}^k \geqslant - Q_k,\ \forall j \in N_n,\ m \in H,\ k \in V \tag{4.9}$$

$$\sum_{i\in N} l_{ijm}^k + q_{jm}^k f_{jm} - \sum_{i\in N} l_{jim}^k + Q_k \sum_{i\in N} x_{ij}^k \leqslant Q_k,\ \forall j \in N_n,\ m \in H,\ k \in V \tag{4.10}$$

$$\sum_{k\in V} q_{jm}^k = D_{jm},\ \forall j \in N_n,\ m \in \{H \mid D_{jm} > 0\} \tag{4.11}$$

$$\sum_{k\in V} q_{jm}^k \leqslant S_{jm},\ \forall j \in N_n,\ m \in \{H \mid S_{jm} > 0\} \tag{4.12}$$

$$\sum_{m\in \{H \mid S_{jm}>0\}} q_{jm}^k \leqslant Q_k \sum_{i\in N} x_{ij}^k,\ \forall j \in N_n,\ k \in V \tag{4.13}$$

$$\sum_{m \in \{H \mid D_{jm} > 0\}} q_{jm}^{k} \leqslant Q_{k} \sum_{i \in N} x_{ij}^{k}, \quad \forall j \in N_{n}, \ k \in V \tag{4.14}$$

$$\sum_{m \in H} l_{ijm}^{k} \leqslant Q_{k} x_{ij}^{k}, \quad \forall i \in N, \ j \in N, \ k \in V \tag{4.15}$$

$$\sum_{i \in N} \sum_{j \in N} x_{ij}^{k} t_{ij} + \frac{1}{W} \sum_{j \in N_{n}} \sum_{m \in H} q_{jm}^{k} \leqslant T, \quad \forall k \in V \tag{4.16}$$

$$l_{ijm}^{k} = 0, \quad \forall i \in N_{d}, \ j \in N_{n}, \ m \in H, \ k \in V \tag{4.17}$$

$$l_{jim}^{k} = 0, \quad \forall i \in N_{d}, \ j \in N_{n}, \ m \in H, \ k \in V \tag{4.18}$$

$$e_{j}^{k} \geqslant e_{i}^{k} + 1 - \Omega(1 - x_{ij}^{k}), \quad \forall i \in N_{n}, \ j \in N_{n}, \ k \in V \tag{4.19}$$

$$x_{ij}^{k} \in \{0, 1\}, \quad \forall i \in N, \ j \in N, \ k \in V \tag{4.20}$$

$$q_{jm}^{k} \geqslant 0, \quad \forall j \in N, \ m \in H, \ k \in V \tag{4.21}$$

$$l_{ijm}^{k} \geqslant 0, \quad \forall i \in N, \ j \in N, \ m \in H, \ k \in V \tag{4.22}$$

$$e_{j}^{k} \geqslant 0, \quad \forall j \in N, \ k \in V \tag{4.23}$$

式(4.1)表示目标函数，基于“运距×运量”的车辆路径成本和基于额定吨位的固定派车成本之和最小。式(4.2)~式(4.5)表示所有派出车辆从所属车场出发，完成运输任务后返回所属车场；当 $x_{ij}^{k}=1(k \in V_{i})$ 时，表示车辆 k 没有运输任务停放在车场。式(4.6)表示车辆从所属车场出发后，应先访问自己的合作客户；该约束的现实意义是派出的车辆为有效缩短空驶距离就近取货，以提高运输效率、节约运输成本。式(4.7)表示每个客户被同一辆车最多访问一次。式(4.8)表示车辆流进出平衡约束。式(4.9)和式(4.10)表示装卸平衡约束，即车辆 k 到达客户 j 装载商品 m 的数量，加上(或减去)在客户 j 取走(或投放)商品 m 的数量，等于车辆 k 离开客户 j 装载商品 m 的数量。式(4.11)表示每个客户需求充分满足。式(4.12)表示在每个客户对每种商品的取货量不能超过其持有的库存量。式(4.13)和式(4.14)分别表示车辆 k 访问客户 j 时总取货量和总投货量均不能超过该车最大装载能力。此外，式(4.13)和式(4.14)表示若车辆 k 不访问客户 j，则在该客户的取货量和投货量均为 0。式(4.15)和式(4.16)分别表示车辆最大装载量约束和最大工作时间约束。式(4.17)和式(4.18)表示车辆空车出发，完成任务后空车返回。式(4.19)表示消除子回路约束。式(4.20)表示 0-1 决策变量。式(4.21)~式(4.23)表示整数变量。

4.3 大规模邻域搜索算法设计

鉴于目前尚无求解 MC-USPDVRP-MDMT 的算法，在分别参考多车场、多车型、多商品、供需未匹配、需求可拆分取送货车辆路径问题求解算法的基础上，本书提出一种基于大规模邻域搜索的迭代局部搜索算法。该算法已成功应用于求解复杂 VRP(Tang and Wang，2006；Coelhoa et al.，2016)，其主要优势如下：首先，迭代局部搜索算法的框架简单，在求解复杂 VRP 上具有效率优势(Cattaruzza et al.，2014；Brandão，2018)。其次，通过引入大规模邻域局部搜索优化当前解和打破机制扩大解的搜索范围，提升获得高质量可行解的概率。

4.3.1 初始解构建过程

本书的目标是探讨客户间供需匹配关系和访问路径的联合决策，以较小运输成本满足所有客户需求。在运价、总运量固定前提下，应采用较短距离运输较多商品，即对于每条运输路径，运输效率(运量/运距)越大越好。因此，本节采用基于运输效率提升的贪婪启发式算法来构建初始解，详细过程如下：

步骤 1：运输车辆排序。将各车场的可用车辆按照装载能力大小降序排列，依次选择车辆 $k(1, 2, \cdots)$执行运输任务，进行步骤 2。

步骤 2：构建当前子路径。基于客户商品供需信息，列出所有可能存在供需匹配关系的客户组合 i、j，并计算子路径 $i \to j$ 的运输效率(η)。将 η 最大的子路径与 $n+i$(客户 i 合作车场)连接作为当前子路径 r_c：$n+i \to i \to j \to$

$n+i$，相应运输效率记作 η_c，进行步骤 3。

步骤 3：尝试在当前子路径 r_c 中插入新客户。将剩余客户依次插入 r_c 的所有位置(插入第 1 个位置时，根据新插入客户对车场进行相应调整)，形成一系列新路径 r'。若 r'满足车辆最大工作时间约束，则基于可用车辆最大装载能力及客户商品供需信息对访问客户进行供需匹配。具体匹配策略如下：

针对每个需求客户 j，从第一种商品开始，按就近(运距最小)原则依次选择其前面的客户将可供商品分配给客户 j，如 r'为：车场 1→客户 1→客户 2→客户 3→车场 1，则优先将客户 2 可供商品分配给客户 3，再将客户 1 可供商品分配给客户 3。匹配结束计算相应运输效率(η)的大小，并将最大 η 记作 $\eta_{\max}$，进行步骤 4。

步骤 4：判断当前子路径 r_c 中是否插入新客户。若 $\eta_{\max}$ 大于 η_c，将 $\eta_{\max}$对应的客户插入 r_c 中的相应位置，按步骤 3 中的匹配策略重新构建客户间供需匹配关系，更新当前运输效率(η_c)，返回步骤 3。若 $\eta_{\max}$不大于 η_c，r_c 中不插入新客户并将其作为初始解中的一条可行路径输出，更新客户商品供需信息及各车场可用车辆信息，进行步骤 5。

步骤 5：判断算法是否停止。若所有客户需求均已满足，则停止计算，获得初始解；否则，返回步骤 1。

由于供需匹配决策和路径决策相互影响(虽然每个客户可与多个其他客户构成供需匹配关系，但这种匹配关系受客户间访问路径的制约；反之，客户间访问路径也不能任意决策，受客户间供需匹配决策结果的影响)，设计邻域搜索时应同时扰动这两个决策。若将任意两个形成供需匹配关系的客户对称作一个供需匹配，则运输方案的每条路径可看作由一系列供需匹配构成。可见，传统 VRP 算法设计中先将客户从当前解中移除、再重新插入的邻域构造方法，会忽略供需匹配决策扰动，只能片面实现路径决策的扰动，已不能直接作为本书算法设计参考。

基于此，本书以“供需匹配”(Supply-Demand Pair)为对象，提出四种移除算子、两种修复算子和车场车型调整策略来生成可行邻域解。其核心思想是：给定一个整数 λ，首先随机使用一种移除算子从当前解中移除 λ 个供需匹配；其次随机采用一种修复算子将移除供需匹配所引起的需求未满足客户重新插入，进行需求匹配满足；最后基于多车场和多车型特点，引入车场和车型调整策略对邻域解进行可行优化。

4.3.2 移除算法

为描述以下四种移除算子，现将“供需匹配”记作 $P_{[i\to j,m,q,r]}$，其中 $i\to j$ 表示供需匹配 P 由供应客户 i 和需求客户 j 构成，m 和 q 表示客户 i、j 之间匹配的商品种类及相应数量，r 表示供需匹配 P 所在的运输路径。

(1)随机移除算子

随机选取 λ 个供需匹配从当前解中移除。该移除算子随机性大，目的是扩大邻域解的搜索范围，避免陷入局部最优。λ 依赖于当前解中的供需匹配数目 N_P，其中 $\lambda\in[0.1N_P,\ 0.4N_P]$。

(2)最坏移除算子

给定当前解 s 和一个供需匹配 $P_{[i\to j,m,q,r]}$，$F'(P_{[i\to j,m,q,r]},\ s)$是供需匹配 $P_{[i\to j,m,q,r]}$ 从当前解 s 中移除后的目标函数值，$F(s)$是当前解 s 的目标函数值，$\Delta(P_{[i\to j,m,q,r]},\ s)=F(s)-F'(P_{[i\to j,m,q,r]},\ s)$。最坏移除算子是不断移除使得 $\Delta(P_{[i\to j,m,q,r]},\ s)$最大的供需匹配 $P_{[i\to j,m,q,r]}$，直至移除 λ 个供需匹配，λ 依赖当前解中的供需匹配数目 N_P，其中 $\lambda\in[0.1N_P,\ 0.4N_P]$。

(3)相关度移除算子

由于供需匹配形成于对同种商品有供需关系的客户之间，故任意两个供需匹配之间的相关度拟用商品种类表示，目的是基于同种商品重新构建全局更优的供需匹配关系以提高解的质量。具体操作是：先从当前解 s 中随机移除一个供需匹配 $P_{[i\to j,m,q,r]}$，然后选取 $\lambda-1$ 个与商品 m 相关的供需匹配进行移除。λ 依赖当前解中有关商品 m 的供需匹配数目 N_{Pm}，其中 $\lambda \in [0.2N_{Pm},\ 0.8N_{Pm}]$。

(4)以相同客户为导向移除算子

考虑到运输成本与运距正相关，使用以相同客户为导向移除算子。该移除算子的目的是基于相同客户重构供需匹配关系，尽可能将客户的多种需求集中满足，以减少客户访问次数，进而缩短运输距离，改善解的质量。具体操作是：首先在当前解 s 中随机选择一个供需匹配 $P_{[i\to j,m,q,r]}$ 移除，其次移除 $\lambda-1$ 个与客户 i 或 j 相关的供需匹配。λ 依赖当前解中与 i、j 相关的供需匹配数目 N_{Pij}，其中 $\lambda \in [0.2N_{Pm},\ 0.8N_{Pm}]$。

4.3.3 修复算法

移除操作完成后，采用以下两种修复算子将需求未满足客户重新插入到当前解中进行匹配满足，以达到同时优化供需匹配决策和路径决策的目的。以 N_c 表示需求未满足的客户集合，d_{jm} 表示客户 j 未满足的商品 m 数量，R_c 表示当前解中所有路径集合，U_{jr} 表示客户 j 在路径 r 的可插入位置集合，Δ_{jru} 表示客户 j 插入到路径 r 中第 u 个位置所增加的成本，w_{jrum} 表示客户 j 插入到路径 r 中第 u 个位置可匹配满足的商品 m 数量。

(1)贪婪修复算子

根据贪婪机制，针对每个需求未满足客户 j 及相应商品 $m(m \in \{H | d_{jm} > 0\})$，依次选择最小 Δ_{jru} 所对应的位置进行插入匹配满足，直到其需求满足。

(2)最优修复算子

根据最优原则，针对每个需求未满足客户 j 及相应商品 $m(m \in \{H | d_{jm} > 0\})$，寻找成本增加最小的位置组合进行插入匹配满足。此过程可转化为类似于经典分配问题的组合优化问题，即可通过求解模型[式(4.24)~式(4.27)]获得全局最优插入匹配决策，其中 0-1 决策变量 z_{jru} 表示客户 j 是否插入到路径 r 中的第 u 个位置。相对于贪婪修复算法，本修复算子属于全局最优插入匹配修复算子，增强了算法的寻优能力，但需耗费更多搜索

时间。

$$\min \sum_{r \in R_c} \sum_{u \in U_{jr}} \Delta_{jru} z_{jru} \tag{4.24}$$

$$\sum_{u \in U_{jr}} z_{jru} = 1, \ \forall j \in N_c, \ r \in R_c \tag{4.25}$$

$$\sum_{r \in R_c} \sum_{u \in U_{jr}} w_{jrum} z_{jru} = d_{jm} \ \forall j \in N_c, \ m \in \{H \mid d_{jm} > 0\} \tag{4.26}$$

$$z_{jru} \in \{0, \ 1\} \ \forall j \in N_c, \ r \in R_c, \ u \in U_{jr} \tag{4.27}$$

4.3.4 车场和车型调整策略

针对邻域扰动后产生的新路径及所引起的车辆装载变化，首先，根据约束式(4.6)对车场进行调整，如路径中访问的第一个客户为客户 1，则相应车场调整为客户 1 的合作车场 $n+1$。其次，对车型进行调整，策略如下：若新路径没有破坏车辆最大装载约束，则逐次减小车型，直至不小于配送路径所需最小车型且不小于相应车场当前可用最小车型；若新路径破坏车辆最大装载约束，则逐次增大车型，直至新路径可行且不大于相应车场当前可用最大车型。

4.3.5 解接受准则

本书将模拟退火算法的解接受准则引入迭代局部搜索算法中，以一定概率接受较差的解，从而增强跳出局部最优的概率，提升搜索最优解的能力。策略如下：假定 s' 为当前解 s 经过大规模邻域搜索得到的局部最优解，当 s' 劣于 s 时，以一定概率接受 s'。α 为(0, 1)之间生成的随机数，初始状态 $T_0 = 100$℃，冷却系数 $\theta = 0.95$，每迭代 5 次，温度变化为 $T = T_0 \theta$。

4.3.6 迭代局部搜索算法流程

本书采用的迭代局部搜索算法起始于第 4.1 部分的初始解，然后采用大规模邻域搜索来不断生成邻域解，在每次迭代中，随机选择一种移除算子和一种修复算子，并使用车场和车型调整策略优化邻域解。最后基于解接受准则更新搜索到的最好解 s^* 和当前解 s，直到迭代 MI 次或连续迭代

NI 次 s^* 没有更新算法停止，具体流程如图 4.1 所示。

//初始化
构建初始解 s_0；
初始化当前解 $s:=s_0$，当前搜索到的最好解 $s^*:=s_0$，目标评价函数为 $F(s)$；
设定：$MI:=500$，$NI:=100$，$\beta:=0$，$\gamma:=0$；
While（$\beta<MI$ 且 $\gamma<NI$）do
    //下面采用大规模邻域搜索生成邻域解
    随机选取一种移除算子作用于当前解 s 生成解 s_1；
    随机选取一个修复算子作用于 s_1 生成解 s_2；
    对 s_2 采取车场车型调整优化得到 s_3；
    //下面判断邻域解是否被接受
    If $F(s_3)<F(s^*)$ then
    └— 更新 $s^*:=s_3$，$\gamma:=0$；
    Else
    └— 更新 $\gamma:=\gamma+1$；
    If $F(s_3)<F(s)$ then
    └— 更新 $s:=s_3$；
    If $F(s_3)\geqslant F(s)$ 且 $random(0,1)\leqslant\exp\frac{F(s)-F(s_3)}{T}$ then
    └— 更新 $s:=s_3$；
└— 更新 $\beta:=\beta+1$；
输出最终解 s^*

图 4.1　迭代局部搜索算法流程

4.4　数值实验

本书拟进行两组数值实验。第一组实验基于相关文献算例，用于检验算法的性能；第二组实验基于某生产企业中的实例，用于演示本书算法求解 MC-USPDVRP-MDMT 的过程和效果。所有测试在一个频率为 2.8 赫兹、运行内存为 4G 的个人计算机上进行，算法代码采用 C++编译，环境为 Visual Studio 2008，算法执行过程中采用 C++调用优化软件 CPLEX 对数学模型[式(4.24)~式(4.27)]进行求解。

4.4.1　基于已有相关算例的数值实验

借助于文献中相关问题算例进行验证。MC-USPDVRP(仅考虑单车场、单车型)可看作本书所研究问题的特例，Chen 等(2014)给出 18 组($n\in\{5$,

6，7，8，9，10}，$m \in \{2, 4, 6\}$）不同规模的 90 个 MC-USDSPDVRP 算例，每组包含 5 个规模相同随机产生的算例，随后 Xu 等（2017）设计了不同算法求解 MC-USPDVRP，同样采用这 90 个算例进行数值实验。从以上 18 组算例中分别选取 1 个算例进行测试，并将研究计算结果与 Chen 等（2014）和 Xu 等（2017）的计算结果对比。如表 4.2 所示，第 1 列为算例名称（如 5N_ 2M_ 1 表示 5 个客户、2 种商品的第 1 个算例），“Best”表示搜索到的最好解，加粗部分表示理论最优解[Chen 等（2014）已借助于 CPLEX 验证]，“Time”表示计算时间（以秒为单位），“Gap”表示最好解和时间的降低幅度。

从表 4.2 中的结果对比可知，本书算法在求解能力和求解效率方面均有较好的表现。在获得最优解方面，本书比 Chen 等（2014）多求解 8 个算例，比 Xu 等（2017）多求解 4 个算例，具有更强的搜索最优解能力。计算时间比 Chen 等（2014）平均节约了 93.91%，比 Xu 等（2017）平均节约了 58.11%，本书算法在计算时间上具有明显优势。此外，本书针对每个算例可提供更好解或等价解，相对 Chen 等（2014）和 Xu 等（2017）将解的质量分别平均提高了 2.06%和 0.19%。

本书算法相对 Chen 等（2014）和 Xu 等（2017），引入了最坏移除算子，并将它们已有的邻域算子整合改进为随机移除算子、相关度移除算子、以相同客户为导向移除算子，使得邻域搜索空间更大且更具有指向性，不仅增强了算法寻优能力而且极大地提高了搜索效率。另外，引入贪婪修复算子加快了邻域可行解的搜索进程，并通过交替调用贪婪修复算子和最优修复算子，实现了算法搜索质量和搜索时间之间的平衡。总之，本书提出的算法通过针对性地引入大规模邻域搜索，增强了算法寻优能力及搜索效率，以较少迭代次数获得最优解或近似最优解。

表 4.2 与已有文献计算结果对比

算例	Chen 等(2014)计算结果		Xu 等(2017)计算结果		本书的研究计算结果		与 Chen 等(2014)Gap/%		与 Xu 等(2017)Gap/%	
	Best	Time/秒	Best	Time/秒	Best	Time/秒	Gap1	Gap2	Gap3	Gap4
5N_ 2M_ 1	391. 5	96. 3	391. 5	27. 3	391. 5	12. 3	0. 0	87. 3	0. 0	55. 0
6N_ 2M_ 1	957. 7	156. 3	957. 7	41. 8	957. 7	17. 6	0. 0	88. 8	0. 0	58. 0
7N_ 2M_ 1	977. 8	291. 6	977. 8	58. 2	977. 8	21. 0	0. 0	92. 8	0. 0	64. 0
8N_ 2M_ 1	817. 2	222. 9	817. 2	53. 5	817. 2	19. 8	0. 0	91. 1	0. 0	63. 0
9N_ 2M_ 1	970. 5	272. 7	921. 2	51. 5	921. 2	19. 6	5. 1	92. 8	0. 0	62. 0
10N_ 2M_ 1	849. 1	365. 1	829. 5	65. 2	829. 5	28. 0	2. 3	92. 3	0. 0	57. 0
5N_ 4M_ 1	940. 5	917. 2	940. 5	65. 2	940. 5	22. 2	0. 0	97. 6	0. 0	66. 0
6N_ 4M_ 1	1055. 7	318. 3	1055. 7	69. 2	1055. 7	20. 8	0. 0	93. 5	0. 0	70. 0
7N_ 4M_ 1	1481. 1	507. 1	1481. 1	50. 8	1481. 1	23. 9	0. 0	95. 3	0. 0	53. 0
8N_ 4M_ 1	1990. 1	629. 4	1828. 3	73. 1	1818. 5	30. 7	8. 6	95. 1	0. 5	58. 0
9N_ 4M_ 1	1174. 4	995. 8	1161. 2	86. 4	1161. 2	32. 0	1. 1	96. 8	0. 0	63. 0
10N_ 4M_ 1	1218. 4	1095. 9	1209. 2	91. 8	1206. 5	33. 1	1. 0	97. 0	0. 2	64. 0
5N_ 6M_ 1	1863. 6	258. 8	1806. 6	41. 4	1792. 0	23. 5	3. 8	90. 9	0. 8	43. 3
6N_ 6M_ 1	2050. 7	690. 7	1979. 8	76. 7	1979. 5	29. 9	3. 5	95. 7	0. 0	61. 0
7N_ 6M_ 1	1646. 1	690. 6	1599. 1	66. 6	1599. 1	30. 0	2. 9	95. 7	0. 0	54. 9
8N_ 6M_ 1	1611. 2	407. 9	1534. 3	59. 7	1520. 2	32. 8	5. 7	92. 0	0. 9	45. 1
9N_ 6M_ 1	2092. 4	1451. 1	2109. 9	87. 3	2092. 4	34. 6	0. 0	97. 6	0. 8	60. 4
10N_ 6M_ 1	1514. 7	1800. 0	1469. 0	65. 5	1466. 9	33. 9	3. 2	98. 1	0. 1	48. 3
均值	1311. 3	620. 4	1281. 7	62. 8	1278. 3	25. 9	2. 1	93. 9	0. 2	58. 1

注：Gap 为正，表示本书的研究结果优于文献已有结果；为负，表示本书的研究结果劣于文献已有结果。

4.4.2 基于企业实例的数值实验

借助于某公司生产原料调拨实例进行验证。根据中部某企业以月为周期的生产计划，首先，基于该生产企业原料部门提供的 2018 年 1—6 月各厂间原料调拨信息和调拨发生后的各厂原料库存信息，还原出每个月调拨发生前各厂的原料供应、需求、可用车辆等相关信息，从而提取出模型求解所需实际参数，具体提取过程如表 4.3 所示。然后，以月为单位，将本书算法应用到实际调拨中，并将获得的新调拨方案与实际运营中人工制定的原调拨方案进行对比。表 4.4 呈现了两种调拨方案所需费用和车次，其中月份括号内的数字分别表示该月参与调拨的工厂数量和原料种类数量。

表 4.3　具体参数赋值

参数	描述	数据提取说明
N_n	参与调拨的工厂集合	根据每月各厂原料调入和调出信息，提取出每月参与调拨的工厂集合
N_d	参与调拨的车场集合	根据每月参与调拨的工厂集合及合作运输企业，提取出每月参与调拨的车场集合
V	参与调拨的车辆集合	根据每月参与调拨的车场信息，提取出每月参与调拨的可用车辆集合
H	参与调拨的原料种类集合	根据每月各厂原料调入信息，提取出每月参与调拨的原料种类
S_{jm}	工厂 j 对原料 m 的供应量	根据每月各厂原料调出及月底库存信息，还原出每月各厂可供原料种类及数量
D_{jm}	工厂 j 对原料 m 的需求量	根据每月各厂原料调入信息，提取出每月各厂需求原料种类及数量
c_{ij}	工厂 i 和 j 之间的行驶距离	根据每月原料部门历史结算单据，提取出各厂间的实际运输距离
t_{ij}	工厂 i 和 j 之间的行驶时间	根据每月各厂间的实际运输距离和车速，估算出各厂间的运输时间
Q_k	车辆 k 最大装载量	根据每月参与调拨的车辆额定吨位信息，提取出每辆车的最大装载量

续表

参数	描述	数据提取说明
G_k	车辆 k 固定启用成本	根据运输车辆补贴成本历史，提取出每辆车的固定派车成本，设定为 5 元/吨
T	车辆最大工作时间	根据实际调研情况，设定为 10 小时/天
$Speed$	车辆行驶速度	根据实际调研情况，设定为 60 公里/小时
π	单位运费	根据历史结算单据，设定为 0.7 元/吨公里
W	原料装卸速率	根据实际调研情况，设定为 30 吨/小时

表 4.4 2018 年 1—6 月新旧调拨方案费用及车次对比

对比分析	1 月（7，229）		2 月（7，166）		3 月（7，219）		4 月（7，224）		5 月（7，198）		6 月（7，238）	
	费用/元	车次	费用/元	车次	费用/元	车次	费用/元	车次	费用/元	车次	费用/元	车次
原方案	682864	211	387545	108	606437	208	673338	214	410626	187	544601	201
新方案	452490	166	223111	77	456747	178	445214	168	285765	140	382123	169
节省	230374	45	164434	31	149690	30	228124	46	124861	47	162478	32
占比/%	33.74	21.32	42.43	28.70	24.68	14.42	33.88	21.50	30.41	25.13	29.83	15.92

从表 4.4 中的对比结果可知，本书提供的新调拨方案比原方案平均每月节约 176660 元和 39 个车次，节约费用和车次占比分别为 32.59% 和 21.17%。总之，本书的研究成果不仅可帮助企业每年节省上百万元的原料调拨费用，而且可为企业节省相当可观的车次和人工支出，进而提高运营效率，降低运营成本。

4.5 本章小结

以多点生产/销售网络货品交互调拨为背景，首次对 MC-USPDVRP-MDMT 进行研究。第一，基于企业实际运营特征，建立基于“运距×运量”的车辆路径成本和基于额定吨位的固定派车成本之和最小为优化目标的混合整数数学规划模型。第二，在分析问题特性基础上，构建基于运输效率提升的贪婪启发式算法来快速获得初始可行解。第三，引入四种移除算子（随机移除算子、最坏移除算法、相关度移除算子、以相同客户为导向移除算子）、两种修复算子（贪婪修复算子、最优修复算子）、车场和车型调整策略进行大规模邻域扰动，并借鉴模拟退火的邻域解接受准则及迭代局部搜索机制，设计基于大规模邻域搜索的迭代局部搜索算法以改善初始解质量。第四，基于相关文献算例和企业实例进行实验仿真，验证算法的求解效果。

实验结果表明：①所设计算法求解文献中相关问题可获得更优的解，且在求解时间上具有明显优势。②相对于企业人工制定的调拨方案，所提出的调拨方案能够帮助企业平均节省 32.59%的调拨费用及 21.27%的车次。本书一方面，扩展了 USPDVRP 现有理论，同时可为其他学者开展 MC-USPDVRP-MDMT 研究提供借鉴；另一方面，通过实验证明采用本书设计的方案可帮助企业节省大量调拨费用，实现运营效率提升和运营成本降低，该方案可为类似企业生产运营提供科学决策支持。此外，同时优化供需匹配关系和车辆路径的调拨方案符合企业进行集中决策和系统分析的重要发展趋势。

5

多车场多车型多次访问条件下多商品供需未匹配取送货车辆路径问题模型与算法

5.1 引言

众多生产、零售企业为了拓展市场，纷纷建立多个生产、分销网络，以服务区域型客户。对一些生产企业而言，生产原料需在多个生产厂进行储备，而产品由多种原料混合加工而成，将产生原料在各分厂转运的常见调拨问题（Xu et al.，2017）。对于一些零售企业而言，市场结构的差异，导致商品在各分店销售水平不同，当分店中某些商品的当前库存持有量低于实际需求水平时应进行补货操作，对高于实际需求的商品应取走以补充其他分店的短缺，因此产生了各分店相互补货的商品调拨问题（栾玉麟等，2019）。此类问题属于供需未匹配（多对多）取送货车辆路径问题（Battara et al.，2014）。

我国某烟草公司每年生产原料调拨费用高达几千万元，调拨成本长期居高不下成为该公司面临的困境。其下属 8 家工厂（卷烟生产厂）位于不同城市，该公司目前还未设立原料中心仓库，原料采购后就近存放于各工厂，即每家工厂持有若干种一定数量的生产原料库存。每种卷烟品牌（共十几种）由上百种原料混合加工而成，分散式生产及仓储布局导致生产原料在各工厂间频繁调拨。该公司生产计划以月为周期且提前 30 天下达，各工厂接到生产任务后，结合当地合作运输公司的运力，在提前期内自行制定原料调拨方案以满足生产需求。目前采用的调拨方式为：工厂 1 需求一定数量的原料 m 时，先将需求信息发送给离其最近的工厂 2，工厂 2 派车

(当地合作运输公司)将原料运送到工厂 1 后空载返回。若工厂 2(供应有限)不能充分满足工厂 1 的需求，则工厂 1 按就近原则依次寻找其他工厂来送货，直至其需求得到充分满足。在此模式下，原料调拨决策权分散于各工厂，各工厂仅根据自身需求向距离最近工厂请求原料供应，既不考虑其他工厂供应能力，也缺乏针对多厂需求的集中调度措施，从而导致车辆高频空载、资源严重浪费。深究其原因在于，各工厂仅站在自身角度进行原料需求匹配决策和运输路径决策，缺乏全局视角下联合决策的考量。为解决面临的困境，该公司希冀建立一个物流管控部门，在资源整合和集中决策下，通过构建联合最优的工厂间原料供需匹配决策和访问路径决策来制定全局最优的原料调拨方案，进而深度优化原料调拨系统。如图 5.1 所示(最左侧展示了 3 家工厂关于 4 种原料的供需信息)，在当前两点间往返送货模式下，工厂 1 和工厂 3 的需求均由离它们最近的工厂 2 分别派 1 辆车(车载量不小于 2 个单位)来运送[见图 5.1(a)实线部分]，工厂 2 的需求分别由工厂 1 和工厂 3 各派 1 辆车(车载量不小于 1 个单位)来运送[见图 5.1(a)虚线部分]，任务完成后 4 辆车空载返回。而从整体视角来看，更好的调拨方案是工厂 2 派 1 辆车(车载量不小于 2 个单位)先在工厂 2 取走 2 个单位的“▲”运送到工厂 1，然后在工厂 1 取走 2 个单位的“◆”运送到工厂 3，最后在工厂 3 分别取走 1 个单位的“●”和“■”返回到工厂 2[见图 5.1(b)]。即基于需求协调的联合调拨方案可有效解决车辆返程空载及资源浪费问题，进而从整体上提高运输效率，降低运输成本。

原料种类：▲ ◆ ● ■

工厂	供应	需求
1	(+6)(+4) ◆ ●	(−2) ▲
2	(+4)(+4) ▲ ◆	(−1)(−1) ● ■
3	(+2)(+1)(+4) ▲ ● ■	(−2) ◆

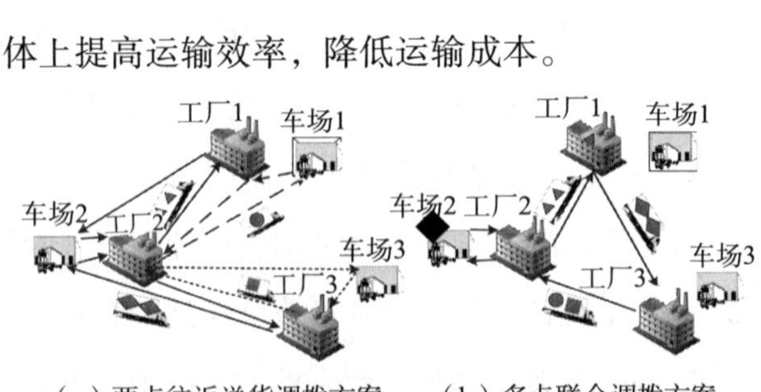

(a) 两点往返送货调拨方案　　(b) 多点联合调拨方案

图 5.1　两种调拨方案对比

此外，零售企业面临着类似调拨优化问题。例如，以衣服、鞋子为代表的众多商品在多个分店进行销售，一段时间后，某些种类商品在一些分店出现短缺而在其他一些分店持有较高库存。当顾客到某个分店购买的商品出现断货时，通常分店采用就近调货的方式以快速满足顾客需求。所做的需求匹配决策和调货路径决策同样属于局部最优，更好的方案是总店定期查看各分店的商品库存信息，在分店出现缺货之前，制定全局视角下的商品转运方案。

基于企业实际运营特征，以上调拨优化问题在学术界可定义为多车场多车型多商品供需未匹配与可任意拆分取送货车辆路径问题（Multi-Commodity Unpaired and Arbitrary Split Pickup-Delivery Vehicle Routing Problem with Multi-Depot and Multi-Type，MC-UASPDVRP-MDMT）。该问题除了具有同时取送货车辆路径问题（Vehicle Routing Problem with Simultaneous Pickup and Delivery，VRPSPD）的复杂性外，还具有如下特点：①多商品运输网络：每个客户（如工厂）既供应一些商品（如生产原料）也需求一些其他种类商品，需在网络中调运多种商品以满足每个客户的需求；②供需关系未匹配：每种商品存在多个供应客户和多个需求客户，每个供应客户可与多个需求客户进行供需匹配，但具体匹配关系及相应匹配数量未指定，反之亦然；③取送货需求可任意拆分：每个客户的商品供应量和需求量往往大于车辆最大装载能力，其取送货需求可任意拆分满足，即允许多辆车或同一辆车多次访问每个客户以完成取送货任务，从而获取更大优化空间；④多个车场：企业采用第三方物流配送模式，为方便协调与沟通，通常由每个工厂在当地寻找合作运输公司；⑤多种车型：为了响应不同规模的物流配送需求，每个运输公司通常购买几种不同类型的车辆，以便灵活安排运输资源、减少浪费；⑥优化目标为基于“运距×运量”的运输成本最小：事实上运输成本不仅与车辆行驶距离有关，还涉及车辆的载重量，在实际运营中企业采用“吨公里”（“运距×运量”）的方式向运输公司结算物流费用。相对于传统的(供需匹配关系已知和取送货需求一次性满足)VRPSPD(Avci et al.，2016；王旭坪等，2018；王超等，2018；吴腾宇等，2018)，MC-UASPDVRP-MDMT不仅需考虑更复杂的客户访问路径决策(允许每个客户由多辆车或同一辆车多次访问)，还需考虑客户间供需匹配决策(每个客户的每种商品需求应由其他哪些客户来供应及相应数量)。此外，多车场、多车型等现实因素进一步增加了问题求解的复杂度。因此，MC-UASPDVRP-MDMT为NP-Hard问题。

USPDVRP相对VRPSPD(Agarwal and Venkateshan，2020；Wang et al.，2015；陈希琼等，2018)，松弛了“客户间供需匹配关系已知”和“取送货需求一次性满足”的假设，使得客户间供需匹配决策和访问路径决策更灵活，能够为企业带来更大的降本增效空间(Xu et al.，2017；Salazar-Gonzalez and Santos-Hernández，2015；Chen et al.，2014)，已引起许多学者的关注。Salazar-Gonzalez和Santos-Hernández(2015)以银行系统中各支行间现金转运为背景，研究了单商品、单车运输情况下的USPDVRP，并设计了分支—切割算法。Forma等(2015)、Alvarez-Valdes等(2016)、Ho和Szeto(2017)等以共享单车系统中各站点间单车转运为背景，探讨了单商品、多车运输情况下的USPDVRP，相关研究以启发式算法为主(Forma et al.，2015；Alvarez-Valdes et al.，2016；Ho and Szeto，2017；Rainer-Harbach et al.，2015)、精确算法为辅(Bulhões et al.，2018)。现实中企业常常面临多商品需求，其运输网络是单商品运输网络的扩展，更具有应用价值(潘国强等，2015；Cui et al.，2020)，但问题复杂度呈指数增长。Hernández-Pérez和Salazar-Gonzalez(2014)以多点零售企业中各连锁分店间商品调拨为背景，研究了多商品、单车运输情况下的USPDVRP，提出的分支—切割算法最大可求解30个客户、3种商品的算例。随后，Hernández-Pérez等(2016)提出了三阶段混合启发式算法以求解更大规模的算例。Chen等(2014)以多点生产企业中各工厂间生产原料转运为背景，在“取送货需求仅允许被不同车辆拆分满足”假设下，首次研究了多商品、多车运输情况下的 USPDVRP，选取最大规模为 10 个客户、6 种商品的算例进行数值实验以验证提出的变邻域搜索算法的效果。Xu 等(2017)通过考虑“取货需求允许被不同或同一车辆拆分满足”和“仅不同种类商品的送货需求允许被不同或同一车辆拆分满足”，对该问题的研究进行了扩展，所提出的禁忌搜索算法可对 10 个客户、5 种商品的算例求出最优或近似最优解。

综上所述，国内外学者主要以基于运距的运输成本为优化目标，从商品数、车辆数、取送货需求可否被同一或不同车辆拆分满足及求解算法设计等方面对 USPDVRP 进行了研究。而现有研究存在以下不足：①综合考虑基于“运距×运量”的运输成本的研究相对缺失；②针对取货和送货需求均可任意拆分满足的情况未做深入探讨；③较少考虑多车场、多车型等现实因素；④数值实验所用算例多为随机生成的小规模算例。基于此，本书根据企业的实际运营特征，综合考虑多车场、多车型、多商品和取送货需求均可任意拆分等因素研究 USPDVRP(简称 MC-UASPDVRP-MDMT)，建立以最小化运输成本(基于“运距×运量”)为目标的数学优化模型，设计基于运输效率提升的两阶段启发式算法，借助于 6 组大规模企业实例验证模型及算法的可行高效性并进行应用分析。研究成果不仅可对 USPDVRP 现有理论进行补充，而且可为企业实际运营决策提供更有价值的指导建议。

5.2 模型构建

5.2.1 问题描述及假设

基于多点生产企业的实际运营特征，如生产计划按月执行且提前期为 30 天、运费按“吨公里”方式结算、各分厂在当地就近选择合作运输公司等对 MC-UASPDVRP-MDMT 进行科学定义。定义 $G=(N, A)$ 为一个完全图。

$N=N_p\cup N_d$ 表示网络顶点集合，其中 $N_p=\{1,\ 2,\ \cdots,\ n\}$ 表示工厂集合，$N_d=\{n+1,\ n+2,\ \cdots,\ 2n\}$ 表示车场集合，每个车场拥有一定数量若干种不同类型的运输车辆，组成可用车辆集合 $V=\{1,\ 2,\ \cdots,\ K\}$，车辆 k 的最大装载量和最大工作时间分别为 Q_k 和 $T_k(k\in V)$，$A=\{(i,\ j)\mid i\in N,\ j\in N,\ i\neq j\}$ 表示各顶点之间构成的弧集合，每个弧 $(i,\ j)$ 有一个非负的长度 c_{ij} 等于从顶点 i 到顶点 j 的运输距离。$H=\{1,\ 2,\ \cdots,\ M\}$ 表示运输网络中的原料种类集合，$S=(S_{im})$ 和 $D=(D_{im})$ 分别表示每个工厂可供应和需求的原料数量矩阵（以吨为单位），其中 S_{im} 和 D_{im} 分别表示工厂 i 供应和需求原料 m 的数量。目标是设计一个运输成本最小的原料取送货方案，在满足车辆最大装载量和最大工作时间等约束下，使得所有工厂的原料需求得到满足。为方便建模，考虑如下假设：

（1）所有车辆行驶速度相同（Xu et al.，2017；Chen et al. 2014；符卓等，2017）。

（2）所有原料的装卸速度相同。本假设基于如下现实：所调研烟草公司的生产原料（烟叶）包装规格相同（每箱 200 千克）且采用叉车装卸，原料装卸速率相对稳定。相同假设存在于原油调拨问题（Henning et al.，2012）。

（3）每个车场拥有的车型种类数及每种车型的车辆数均有限（王征等，2011）。

（4）工厂需求可任意拆分满足，即允许每个工厂被不同或同一车辆访问多次（Xu et al.，2017；Al-Khayyal and Hwang，2007）。

（5）派出去的车辆当日返回。该假设基于如下现实：车辆在位于省内不同城市的工厂间执行运输任务，具备当天返回条件。另外，司机在外过夜，将产生食宿成本。因此，每个工厂在安排运输任务时通常考虑车辆当天返回。

5.2.2 数学模型

由于本书的研究优化问题允许每个工厂被同一车辆访问多次（工厂需求由同一辆车拆分满足），传统 VRP 的建模思想对本研究问题不适用，例如，常用的三维路径决策变量 x_{ij}^{k}仅能表示车辆 k 是否访问工厂 i 和 j，无法详细描述车辆 k 第几次访问工厂 i 和 j。结合 Xu 等（2017）、Al-Khayyal 和 Hwang（2007）处理需求可任意拆分满足的建模思想，首先根据工厂 i 的原料供需信息将工厂 i 拆分成若干个具有相同位置坐标的二维节点（i，a），其中 i 表示某个工厂，a 表示第几次访问工厂 i。例如，节点（1，2）表示第 2 次访问工厂 1。然后根据车场 i 拥有的车辆数 K_i，将车场 i 拆分成 K_i 个具有相同位置坐标的二维节点（i，a），其中 i 表示某个车场，a 表示车场 i 中某辆车的出发位置。例如，节点（n+1，2）表示车场 n+1 中第 2 辆车的出发位置。图 5.2 通过一个小例子（包含 3 家工厂和 3 个车场、每家工厂共需 3 个单位的原料、每个车场拥有 2 辆车）展示了顶点网络拆分成节点网络的过程。

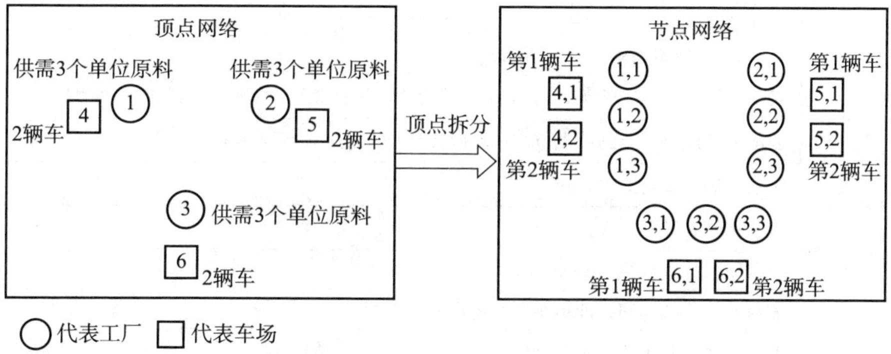

图 5.2 顶点网络拆分过程

基于拆分后的节点网络构建数学模型，模型中所使用符号及变量定义如表 5.1 所示。

表 5.1　模型中的符号及解释

变量	含义
N_p	表示工厂集合，$N_p=\{1, 2, \cdots, n\}$
N_d	表示车场集合，$N_d=\{n+1, n+2, \cdots, 2n\}$，其中 $n+1$ 表示工厂 1 合作的车场，记作车场 1
V_i	表示车场 i 的车辆集合，$V_{n+1}=\{1, 2, \cdots, K_{n+1}\}$，$V_i=\{\sum_{j=n+1}^{i-1}K_j+1, \sum_{j=n+1}^{i-1}K_j+2, \cdots, \sum_{j=n+1}^{i-1}K_j+K_i\}$，$\forall i \geqslant n+2$
V	表示网络中车辆集合，$V=\bigcup_{i\in N_d}V_i=\{1, 2, \cdots, K\}$，其中 $K=\sum_{i=n+1}^{2n}K_i$
H	表示原料种类集合，$H=\{1, 2, \cdots, M\}$
(i, a)	表示由工厂(或车场) i 拆分的一个节点
u_i	表示工厂 i 最大访问次数，为避免排除理论最优解，在实验中设为工厂 i 所供应和需求的原料数量之和
A_i	表示工厂 i 访问次数集合，其中 $A_i=\{1, 2, \cdots, u_i\}$
E_p	表示工厂拆分的网络节点集合，其中 $E_P=\{(i, a) \mid i\in N_p, a\in A_i\}$
E_d	表示车场拆分的网络节点集合，其中 $E_d=\{(i, a) \mid i\in N_d, a\in V_i\}$
E	表示工厂和车场拆分的网络节点集合，其中 $E=E_p\cup E_d$
S_{jm}	表示工厂 j 供应原料 m 的数量
D_{jm}	表示工厂 j 需求原料 m 的数量
f_{jm}	表示辅助参数，工厂 j 供应原料 m 其取值为 1，工厂 j 需求原料 m 其取值为-1，工厂 j 既不供应也不需求原料 m 其取值为 0
c_{iajb}	表示从节点(i, a)到节点(j, b)的运输距离，等于顶点 i 和顶点 j 之间的空间距离 c_{ij}
t_{iajb}	表示从节点(i, a)到节点(j, b)的行驶时间，等于 c_{ij} 与车速的比值
T_k	表示车辆 k 最长工作时间
Q_k	表示车辆 k 最大装载量
Ω	表示原料单位(吨公里)运输成本
W	表示原料装卸速率，即每小时装卸原料的数量
x_{iajb}^k	0~1 变量，若车辆 k 从节点(i, a)行驶到节点(j, b)(车辆 k 第 a 次访问 i 后直接去第 b 次访问 j)其值为 1，否则为 0
q_{iam}^k	整数变量，表示车辆 k 在节点(i, a)(第 a 次访问 i)取走或投放原料 m 的数量
l_{iajbm}^k	整数变量，表示车辆 k 从节点(i, a)行驶到节点(j, b)装载原料 m 的数量
y_{ia}^k	整数变量，表示车辆 k 访问节点(i, a)的次序，此变量用于消除子回路

$$\min\Omega\sum_{(i,\ a)\in E}\sum_{(j,\ b)\in E}\sum_{m\in H}\sum_{k\in V}l_{iajbm}^{k}c_{iajb} \tag{5.1}$$

$$\sum_{(j,\ b)\in E}x_{iajb}^{k}=1,\ \forall(i,\ a)\in E_d,\ k\in V_i \tag{5.2}$$

$$\sum_{(j,\ b)\in E}x_{jbia}^{k}=1,\ \forall(i,\ a)\in E_d,\ k\in V_i \tag{5.3}$$

$$\sum_{(j,\ b)\in E}x_{iajb}^{k}=0,\ \forall(i,\ a)\in E_d,\ k\notin V_i \tag{5.4}$$

$$\sum_{(j,\ b)\in E}x_{jbia}^{k}=0,\ \forall(i,\ a)\in E_d,\ k\notin V_i \tag{5.5}$$

$$\sum_{j\in N_p\setminus\{i-n\}}\sum_{b\in A_j}x_{iajb}^{k}=0,\ \forall(i,\ a)\in E_d,\ k\in V_i \tag{5.6}$$

$$\sum_{k\in V}\sum_{(i,\ a)\in E}x_{iajb}^{k}\leqslant 1,\ \forall(j,\ b)\in E \tag{5.7}$$

$$\sum_{(i,\ a)\in E}x_{iajb}^{k}-\sum_{(i,\ a)\in E}x_{jbia}^{k}=0,\ \forall(j,\ b)\in E_p,\ k\in V \tag{5.8}$$

$$\sum_{(i,\ a)\in E}l_{iajbm}^{k}+q_{jbm}^{k}f_{jm}-\sum_{(i,\ a)\in E}l_{jbiam}^{k}-Q_k\sum_{(i,\ a)\in E}x_{iajb}^{k}\geqslant -Q_k,\ \forall(j,\ b)\in E_p,$$
$$m\in H,\ k\in V \tag{5.9}$$

$$\sum_{(i,\ a)\in E}l_{iajbm}^{k}+q_{jbm}^{k}f_{jm}-\sum_{(i,\ a)\in E}l_{jbiam}^{k}+Q_k\sum_{(i,\ a)\in E}x_{iajb}^{k}\leqslant Q_k,\ \forall(j,\ b)\in E_p,$$
$$m\in H,\ k\in V \tag{5.10}$$

$$\sum_{k\in V}\sum_{b\in A_j}q_{jbm}^{k}=D_{jm},\ \forall j\in N_p,\ m\in\{H\mid D_{jm}>0\} \tag{5.11}$$

$$\sum_{k\in V}\sum_{b\in A_j}q_{jbm}^{k}\leqslant S_{jm},\ \forall j\in N_p,\ m\in\{H\mid S_{jm}>0\} \tag{5.12}$$

$$\sum_{m\in\{H\mid S_{jm}>0\}}q_{jbm}^{k}\leqslant Q_k\sum_{(i,\ a)\in E}x_{iajb}^{k},\ \forall(j,\ b)\in E_p,\ k\in V \tag{5.13}$$

$$\sum_{m\in\{H\mid D_{jm}>0\}}q_{jbm}^{k}\leqslant Q_k\sum_{(i,\ a)\in E}x_{iajb}^{k},\ \forall(j,\ b)\in E_p,\ k\in V \tag{5.14}$$

$$\sum_{m\in H}l_{iajbm}^{k}\leqslant Q_k x_{iajb}^{k},\ \forall(i,\ a)\in E,\ (j,\ b)\in E,\ k\in V \tag{5.15}$$

$$\sum_{(i,\ a)\in E}\sum_{(j,\ b)\in E}x_{iajb}^{k}t_{iajb}+\frac{1}{W}\sum_{(j,\ b)\in E_p}\sum_{m\in H}q_{jbm}^{k}\leqslant T_k,\ \forall k\in V \tag{5.16}$$

$$l_{iajbm}^{k}=0,\ \forall(i,\ a)\in E_d,\ (j,\ b)\in E_p,\ m\in H,\ k\in V_i \tag{5.17}$$

$$l_{jbiam}^{k}=0,\ \forall(i,\ a)\in E_d,\ (j,\ b)\in E_p,\ m\in H,\ k\in V_i \tag{5.18}$$

$$y_{jb}^{k}\geqslant y_{ia}^{k}+1-\theta(1-x_{iajb}^{k}),\ \forall(i,\ a)\in E_p,\ (j,\ b)\in E_p,\ k\in V \tag{5.19}$$

$$x_{iajb}^{k} \in \{0, 1\}, \ \forall (i, a) \in E, (j, b) \in E, k \in V \quad (5.20)$$

$$q_{iam}^{k} \geqslant 0, \ \forall (i, a) \in E, m \in H, k \in V \quad (5.21)$$

$$l_{iajbm}^{k} \geqslant 0, \ \forall (i, a) \in E, (j, b) \in E, m \in H, k \in V \quad (5.22)$$

$$y_{ia}^{k} \geqslant 0, \ \forall (i, a) \in E, k \in V \quad (5.23)$$

式(5.1)表示目标函数，基于“运距×运量”的运输成本最小。式(5.2)~式(5.5)表示所有派出车辆从所属车场出发，完成任务后返回所属车场。另外，当 $x_{iaia}^{k}=1(k \in V_i)$ 时，表示车辆 k 没有运输任务，停放在车场。式(5.6)表示车辆从车场出发访问的第一个工厂是自己合作的工厂，例如，从车场 1 出发的车辆，应先访问工厂 1。该约束的现实意义是派出的车辆先去附近的工厂取货，可有效缩短空载行驶距离。式(5.7)表示每个拆分的二维节点最多被访问一次。式(5.8)表示车辆流平衡约束。式(5.9)和式(5.10)表示车辆 k 到达 (j, b) 装载原料 m 的数量，加上(或减去)在 (j, b) 取走(或投放)原料 m 的数量，等于车辆 k 离开 (j, b) 装载原料 m 的数量。式(5.11)表示每个工厂的原料需求得到充分满足。式(5.12)表示在每个工厂每种原料的总取货量不能超过其持有的库存量。式(5.13)和式(5.14)分别表示车辆 k 访问 (j, b) 时，在该节点的取货量和投货量均不能超过该车最大装载量；另外，式(5.13)和式(5.14)分别表示车辆 k 不访问 (j, b) 时，在该节点的取货量和投货量应均为 0。式(5.15)表示每辆车在运输途中的装载量不能超过其最大装载能力。式(5.16)表示每辆车执行任务时间(包括车辆行驶时间和原料装卸时间)不能超过其最大工作时间。式(5.17)和式(5.18)表示每辆车空载出发完成任务后空载返回。式(5.19)表示消除子回路约束。式(5.20)表示 0~1 变量。式(5.21)~式(5.23)表示整数变量。

5.3 基于变邻域搜索的求解算法设计

求解此问题需分析每个工厂的每种原料需求应由其他哪些工厂来供应

及相应数量(供需匹配关系)、如何制定运输成本较小的工厂访问路径完成相应取送货任务(路径规划)，问题高度复杂。相关数据显示，仅考虑单车场、单车型和取货需求可任意拆分，耗时 12 小时可精确求解的最大问题规模为 9 家工厂和 4 种原料(Xu et al.，2017)，可见精确算法对小规模问题求解效率低下，针对实践中常见的大规模问题(几百种原料)更是无能为力。考虑到求解质量及效率，本书提出一种两阶段启发式算法求解 MC-UASPDVRP-MDMT。在初始解构造阶段，先对运输效率进行度量，然后采用基于运输效率提升的贪婪思想安排每辆车的运输任务，进而获得较好的初始解。在初始方案(供需匹配关系和运输路径)迭代优化阶段，鉴于变邻域搜索算法，求解大规模组合优化问题表现出时效性和易用性，在传统邻域搜索算子基础上，设计和改进若干邻域扰动算子，以提升算法扰动性和邻域变动性。针对本书中多车场多车型的特点，在邻域变动后引入车场和车型调整策略，从而更好地适应车场和车载量变动对结果的影响。

5.3.1 考虑运输效率的初始方案构造

传统算法在对工厂进行路径规划时，往往仅考虑工厂间的运输距离，忽视了工厂间的原料供需匹配关系及数量。在实际配送过程中，若仅按照工厂空间距离特征，将距离较近的工厂安排在同一条运输路径，当工厂间原料匹配效率较低时，则可能造成该路径的运输效率较低。同理，若仅按照工厂间原料匹配关系特征，将原料供需匹配数量较多的工厂安排在同一运输路径，当它们的空间位置相隔较远时，则可能导致运输成本过高。基于此，本书在构造初始解时，同时考虑工厂间的空间距离特征和原料匹配关系特征。另外，结合研究目标以较小的运输成本来满足所有工厂的原料需求，在运价和运量固定的前提下，应采用较短距离运送较多原料，即每条路径的运输效率 η(运量/运距)越大越好。因此，本书采用基于运输效率提升的贪婪启发式算法构建初始解，具体见图 5.3。

1 初始化：将各车场的车辆按照装载能力大小降序排列，依次选择车辆 $k(2,2,\cdots)$ 执行运输任务；
2 for $i \in N_p$ do
3 　for $j \in N_p \backslash \{i\}$ do
4 　　构建相应子路径 r：$n+i \to i \to j \to n+i$；
5 　　if子路径 r 满足最大工作时间约束then
6 　　　基于车辆 k 的装载能力从第一种原料开始由 i 向 j 进行原料匹配，并计算相应的运输效率 η；
7 选择运输效率最大的子路径 r 当作当前路径 r_c，并将其运输效率记作 η_c；
8 while 存在需求未满足的工厂do
　//尝试在当前路线中插入新工厂
9 　reapt
10 　尝试将每个需求未满足的工厂插入当前路径 r_c 中的每个位置，形成一系列新路径 r'，若 r' 满足车辆工作时间约束，则基于车辆装载能力及路线中访问工厂的原料供需信息进行匹配，计算相应的运输效率 η，并将最大的 η 记作 $\eta_{\max}$；
11 　if $\eta_{\max} > \eta_c$ then
12 　　将 $\eta_{\max}$ 所对应的工厂插入当前路径 r_c 中的相应位置，对路径中的访问工厂进行原料匹配，更新 $\eta_c := \eta_{\max}$；
13 　until 没有新工厂能够插入当前路径
　//停止插入
14 　if 所有工厂的需求均已满足then
15 　　将当前路径作为初始解中的一条运输路径输出，更新工厂供需信息及各车场可用车辆信息；
16 　　Break；
17 　else
18 　　按照步骤2~7，从剩余工厂集合中选取运输效率最大的两个工厂构建当前子路径 r_c；
19 返回　获得的初始解

图 5.3　初始解构建流程

5.3.2　算法整体思路和流程

变邻域搜索算法具有简捷高效性，已成功应用于求解较大规模VRPSPD（Mladenović et al.，2012；范厚明等，2019）。鉴于本书研究求解的实例规模较大（几百种原料、上百辆车），采用变邻域搜索算法来改善初始方案。该算法由 Mladenović和 Hansen（1997）提出，其基本思想是通过系统改变当前解的邻域算子，实现搜索范围的扩展进而得到较好的局部最优解，基于所获得的局部最优解，重复以上过程，经过规定次数或时间的迭代最终获得搜索到的最优解。

如前面所述，此问题求解需考虑工厂间供需匹配决策及访问路径决策，且这两个决策相互影响，为增大邻域解的搜索空间，扩展解的多样性，本书采用交叉扰动供需匹配决策和路径决策的思想来生成邻域解。具体操作是：先通过邻域扰动算子从当前解中移除部分供需匹配，然后采用局部搜索算法将移除后导致需求未满足的工厂重新插入当前解中，并通过与其前面的工厂重新构建供需匹配关系来满足其需求。另外，结合多车场和多车型特点，例如，从不同车场出发的车辆访问的第一个工厂不同、不同车型的载重量不同，在邻域变动后加入车场和车型调整策略。算法的整体流程见图 5.4。

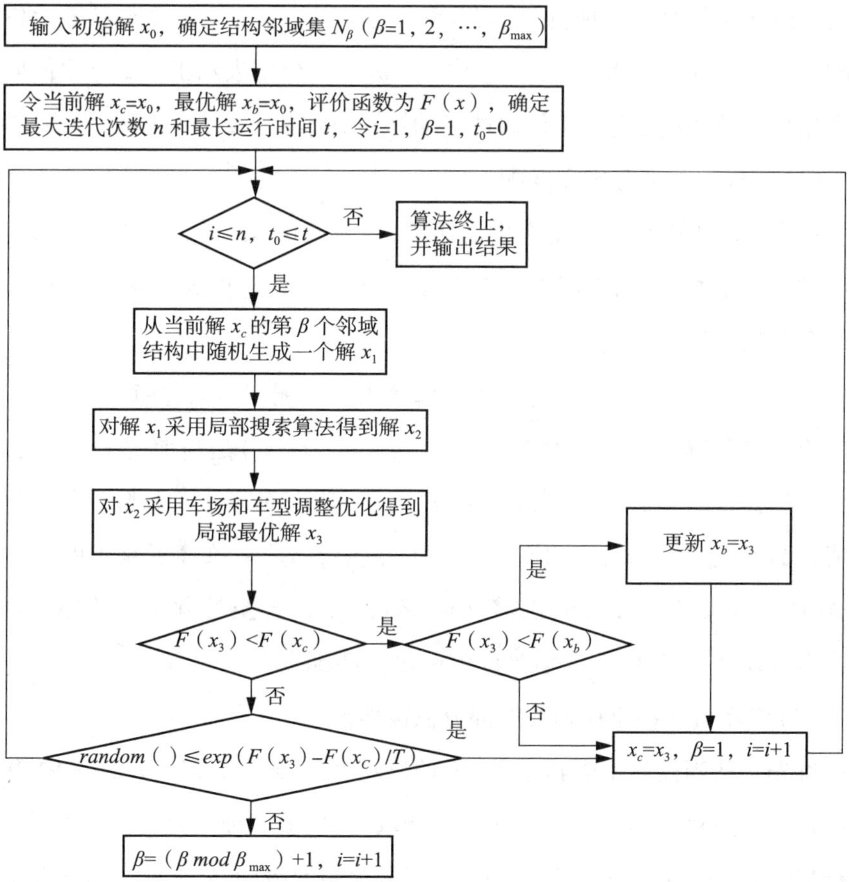

图 5.4　变邻域搜索算法流程

5.3.3 邻域扰动

为扩展解的多样性，本书在邻域扰动过程中，采用重新构建工厂间供需匹配关系和改变工厂访问路径相结合的方式来增大邻域搜索空间，从而减少算法陷入局部最优的概率，以提升获得较优解的能力。考虑到求解大规模实例，Chen 等(2014)在文献的基础上，对传统邻域扰动算子进行了整合改进，以较好地平衡搜索效率和质量。此外，基于目标值引入具有针对性的邻域扰动算子(最坏移除算子)，以增强算法的寻优能力和搜索效率。为描述最坏移除算子，现将“供需匹配”记作 $P_{[i\to j,m,q]}$，其中 $i\to j$ 表示供需匹配 P 由供应工厂 i 和需求工厂 j 构成，m 和 q 分别表示工厂 i、j 之间匹配的商品种类及相应数量。4 种邻域扰动算子具体如下：

(1)随机移除部分供需匹配

从当前解中随机移除 λ 个供需匹配，$\lambda\in[10,\ \alpha/3]$，其中 α 表示当前解中供需匹配数目。该移除算子随机性大，目的是扩大邻域解的搜索范围，避免陷入局部最优。

(2)移除引起目标值变化较大的部分供需匹配(最坏移除算子)

给定当前解 x_c 和一个供需匹配 $P_{[i\to j,m,q]}$，$F(x_c)$是当前解 x_c 的目标函数值，$F'(P_{[i\to j,m,q]},\ x_c)$是供需匹配 $P_{[i\to j,m,q]}$ 从当前解 x_c 中移除后的目标函数值，$\Delta(P_{[i\to j,m,q]},\ x_c)=F(x_c)-F'(P_{[i\to j,m,q]},\ x_c)$。该算子是不断移除使得 $\Delta(P_{[i\to j,m,q]},\ x_c)$最大的供需匹配 $P_{[i\to j,m,q]}$，直至移除 λ 个供需匹配，$\lambda\in[10,\ \alpha/3]$，其中 α 表示当前解中供需匹配数目。

(3)移除与某些原料相关的部分供需匹配

首先，从当前解中随机选取 M' 种原料，$M'\in[1,\ M/10]$，其中 M 表示原料种类数目。然后，在当前解中选取 λ 个与 M' 种原料相关的供需匹配进行移除，$\lambda\in[10,\ \alpha_M'/3]$，其中 α_M' 表示当前解中与 M' 种原料相关的供需匹配数目。该移除算子的目的是基于同种原料重新构建全局更优的供需匹配关系以提高解的质量。

(4)移除与某个工厂相关的部分供需匹配

首先，从当前解中随机选取一个工厂 i；其次，从当前解中选取 λ 个与工厂 i 相关的供需匹配进行移除，$\lambda \in [10, \alpha_i/3]$，其中 α_i 表示当前解中与工厂 i 相关的供需匹配数目。该移除算子的目的是基于相同工厂重新构建供需匹配关系，尽可能将工厂的多种需求集中满足，以减少工厂访问次数，进而缩短运输距离，改善解的质量。

5.3.4 局部搜索

在综合考虑求解大规模实例的算法效率和求解质量的前提下，针对邻域扰动后引起的需求未满足工厂，本书采用贪婪机制将其依次插入到增加成本最小的位置进行匹配满足，以完成供需匹配关系和访问路径的同时优化。本书在 Chen 等(2014)提出理论(仅允许取送货需求由不同车辆拆分满足)的基础上，结合取送货需求可任意(由不同或同一车辆)拆分满足的特点，将需求未满足工厂在当前解中重新插入及匹配满足的过程进行了相应的改进(见图 5.5)。图 5.5(a)~(c)详细地描述了基于当前解寻找可行插入位置的具体过程，其中阴影表示该节点可为需求未满足的工厂 j 提供原料供应，“SC”表示车辆访问该弧所剩余的车载量。图 5.5(d)呈现了所有可行插入位置，工厂 j 插入到相应位置所引起增加的运输成本和最大匹配满足需求量。假定工厂 j 未满足原料 m 的数量 $d_{jm}=10$，根据本书的插入规则，应先在路径 2 中的第 2 个位置插入工厂 j 以满足 5 个单位的原料 m，然后在路径 1 中的第 2 个位置和第 5 个位置依次插入工厂 j 以分别满足 4 个单位和 1 个单位的原料 m。不同于文献(Chen et al., 2014)，本书除了考虑在同一条路径的多个位置同时插入需求未满足的工厂 j，还考虑在当前路径中引入新供应工厂(如工厂 e)来满足工厂 j，以增大可行邻域搜索空间。

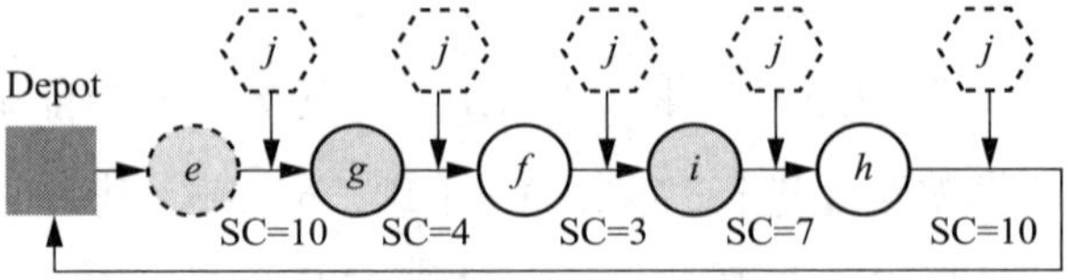

（a）工厂 *j* 不在当前路径1中

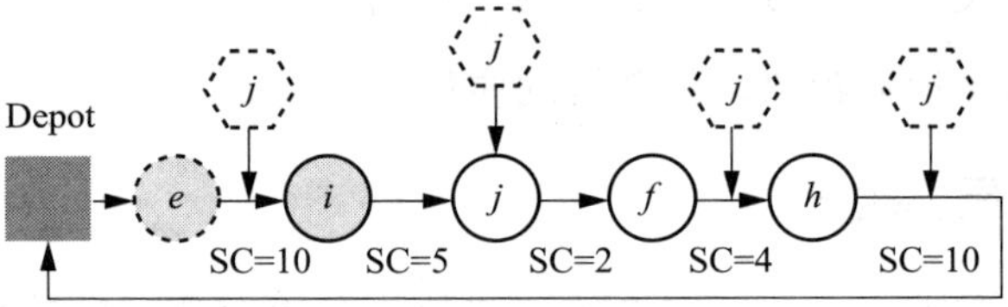

（b）工厂 *j* 在当前路径2中

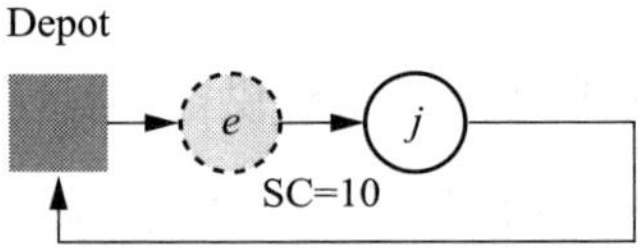

（c）开辟空路径3

路径	位置	增加成本	匹配满足需求量
1	1	11	10
1	2	1	4
1	3	3	3
1	4	4	7
1	5	2	7
2	1	12	10
2	2	0	5
2	3	6	2
2	4	7	4
3	1	15	10

（d）插入相应位置引起的增加成本和匹配满足需求量

图 5.5　图题

5.3.5 车场车型调整

针对邻域扰动后产生的新路径及所引起的车辆装载变化，首先，根据约束式(5.6)对车场进行调整，如路径中访问的第一个工厂为工厂 1，则相应车场调整为工厂 1 的合作车场 $n+1$。其次，对车型进行调整，策略如下：若新路径没有破坏车辆最大装载约束，则逐次减小车型，直至不小于运输路径所需最小车型且不小于相应车场当前可用最小车型；若新路径破坏车辆最大装载约束，则逐次增大车型，直至新路径可行且不大于相应车场当前可用最大车型。

5.3.6 解接受规则

为进一步提升解的扰动性，本书将模拟退火算法的解接受准则引入到变邻域搜索算法中，以一定概率接受较差的解，扩大了搜索空间，从而增强跳出局部最优的概率，提升搜索最优解的能力。具体规则如下：假定前解 x_c 经过变邻域搜索得到的局部最优解为 x_c'，当 x_c'劣于 x_c 时，以一定概率接受 x_c'。γ 为(0，1)之间的随机数，初始状态 $T_0=100$℃，冷却系数 $\theta=0.95$，每迭代 5 次，温度变化为 $T=T_0\theta$。

5.4 数值实验分析

本部分基于企业的实际运营数据设计一系列实验，并对结果进行分析。先对模型有效性及求解效果进行验证，再对考虑运输效率来构建初始方案的效果进行验证，接着对所构造邻域算子效果及算法实例应用效果进行验证，最后对本书算法所获得运输路径进行实例演练。本书的实验在主频 2.8 G 赫兹、4G RAM 的计算机上进行，模型测试采用 12.8 版本的 CPLEX 作为求解器，算法采用 C++编码，通过 Visual Studio 2008 平台实现。

5.4.1 数据描述

为验证优化模型及算法的求解效果，根据某烟草公司原料部门提供的2018年1—6月厂际间原料调拨信息和调拨发生后各厂原料库存信息，还原每个月调拨发生前各厂原料供应、需求、可用车辆等相关信息，提取出模型及算法求解所需实际参数，具体提取过程见表5.2。

表5.2 实际参数提取过程

参数	描述	提取说明
N_p	参与调拨的工厂集合	根据每月各厂原料调入和调出信息，提取出每月参与调拨的工厂集合
N_d	参与调拨的车场集合	根据每月参与调拨的工厂集合及合作运输公司，提取出每月参与调拨的车场集合
V_i	车场 i 参与调拨的车辆集合	根据每月参与调拨的车场 i 信息，提取出每月参与调拨的车场 i 可用车辆集合
V	参与调拨的所有车辆集合	根据每月参与调拨的各车场信息，提取出每月参与调拨的所有可用车辆集合
H	参与调拨的原料种类集合	根据每月各厂原料调入信息，提取出每月参与调拨的原料种类
S_{im}	工厂 i 对原料 m 的供应量	根据每月各厂原料调出及月底库存信息，还原出每月各厂可供原料种类及数量
D_{im}	工厂 i 对原料 m 的需求量	根据每月各厂原料调入信息，提取出每月各厂需求原料种类及数量
c_{ij}	工厂 i 和 j 之间的行驶距离	从原料部门已有的结算单据可提取出各厂之间的实际行驶距离
t_{ij}	工厂 i 和 j 之间的行驶时间	从厂际间的实际运输距离和车速可估算出各厂间的行驶时间
Q_k	车辆 k 最大装载量	根据每月参与调拨的车辆额定吨位信息，提取出每辆车的最大装载量
T_k	车辆 k 最长工作时间	根据实际调研情况，设定为10小时/天
$speed$	车速	根据实际调研数据，设定为60公里/小时
Ω	单位运价	根据实际结算单据，设定为0.7元/吨公里
W	装卸速率	根据实际调研情况，设定为30吨/小时

5.4.2 模型有效性验证

为合理验证模型的有效性及求解能力，从 2018 年 1 月的实际调拨数据中选取 6 组部分数据（从参与厂际间调拨的 229 种原料中选取 4～5 种原料），借助于 CPLEX 进行测试，每个算例最大允许测试时间为 4 小时，结果见表 5.3。“LB”表示获得的下界。“UB”表示获得的上界，其中“—”表示由于时间限制或超出计算机内存而无法获得上界。“Node”表示所需探索的节点数，“Time”表示所需的计算时间。“Gap”表示 LB 和 UB 之间的百分比差距，其中“—”表示由于缺少上界而无法计算相应的 Gap。

表 5.3 模型测试

算例	CPLEX				
	LB	UB	Node	Time/秒	Gap/%
5 家工厂、4 种原料	5322	5322	16247	212.95	0
6 家工厂、4 种原料	6037	6037	274880	1147.65	0
7 家工厂、4 种原料	6108	6874	2289130	14400	12.54
5 家工厂、5 种原料	6394	8328	485564	14400	30.25
6 家工厂、5 种原料	4498	—	67146	9876.45	—
7 家工厂、5 种原料	3188	—	10476	2067.32	—

由表 5.3 可知，CPLEX 在 4 小时内最大可求解 6 家工厂、4 种原料的算例，针对规模超过 6 家工厂、5 种原料的算例 CPLEX 运行不到 4 小时因超出内存而被迫停止。以上结果表明，随着问题规模（工厂数、原料种类数）的增加，本书所研究问题复杂度急剧增加，原料种类数相对于工厂数对问题求解的影响更大。因此，针对实际中常见的大规模调拨问题（上百种生产原料），切实有效的方法是设计简便高效的启发式算法以在合理时间内获得满意的调拨方案。

5.4.3 考虑运输效率的有效性验证

为验证考虑运输效率在初始方案构造中的有效性，本书将以上 6 个月的运营数据以月为单位(企业生产计划以月为周期)进行测试，比较考虑运输效率(运距/运量)和仅考虑运输距离的计算结果(见表 5.4)。

表 5.4　考虑运输效率和仅考虑运输距离的初始方案结果对比

算例	仅考虑运输距离			考虑运输效率			优化率/%	
	成本/元	车次	耗时/秒	成本/元	车次	耗时/秒	成本	车次
1月(7，229)	553532	200	28.38	498411	190	26.21	9.96	5.00
2月(7，166)	315643	103	19.76	289649	98	17.43	8.24	4.85
3月(7，219)	488951	198	23.54	447180	185	21.47	8.54	6.57
4月(7，224)	542337	203	31.35	498470	188	29.45	8.09	7.39
5月(7，198)	319032	178	21.67	294395	172	20.43	7.72	3.37
6月(7，238)	432911	191	24.63	393897	183	23.76	9.01	4.19
均值	442067.67	179	24.89	403667	169	23.13	8.59	5.23

由表 5.4 的结果可以看出，考虑运输效率的算法更优。以 1 月数据为例，考虑运输效率的初始方案目标值是 498411 元，仅考虑运输距离的目标值是 553532 元，优化率达到 9.96%，且相比仅考虑运输距离节约 10 个车次。在算法耗时方面相对仅考虑运输距离缩短了 2.17 秒。基于运输效率提升的贪婪启发式算法在初始方案构造方面较优，为算法的后续迭代奠定了基础，在提升算法求解质量的同时，也提升了算法求解效率。

5.4.4　算法实例应用效果分析

为了验证本书算法的求解效果，将其应用到以上 6 组实际数据中，并将算法在 1 个小时内获得的调拨方案与实际运营中人工制定的原调拨方案、文献(Chen et al.，2014)中变邻域搜索算法改进后获得的调拨方案做比较。表 5.5 呈现了 3 种调拨方案所需成本和车次，其中月份后面括号内的两个数字分别表示该月参与调拨的工厂数量和原料种类数量。

表 5.5 2018 年 1—6 月 3 种调拨方案所需成本及车次对比

算例	原调拨方案结果		文献(Chen et al., 2014)算法结果		本书研究算法结果		相对原方案优化率/%		相对文献(Chen et al., 2014)优化率/%	
	成本/元	车次	成本/元	车次	成本/元	车次	成本/元	车次	成本/元	车次
1 月(7, 229)	651214	211	467965	176	417965	160	35.8	24.2	10.7	9.1
2 月(7, 166)	371345	108	230880	80	200880	75	45.9	30.6	13.0	6.3
3 月(7, 219)	575237	208	472180	181	412180	169	28.4	18.8	12.7	6.6
4 月(7, 224)	641238	214	435112	171	388262	150	39.5	29.9	10.8	12.3
5 月(7, 198)	382576	187	271458	143	232958	133	39.1	28.9	14.2	7.0
6 月(7, 238)	514451	201	362352	173	303852	163	40.9	18.9	16.1	5.8
均值	522676.8	188	373324.5	154	326016.2	141	38.3	25.2	12.9	7.8

表 5.5 中的结果表明，本书中所设计的算法在运输成本和车次方面均优于文献(Chen et al., 2014)，平均节省成本和车次占比分别为 12.91%和 7.84%。另外，与企业根据经验人工制定的调拨方案相比，本书中算法可平均节省成本和车次占比分别为 38.26%和 25.2%。总之，本书设计的方案不仅可为企业每年节省上百万元的调拨成本，而且可为企业节省相当可观的车次。

此外，为进一步验证本书中算法的性能，首先将本书的变邻域搜索算法改进以适应 Chen 等(2014)研究的问题(单车场、单车型、仅允许客户取送货需求由不同车辆拆分满足)。具体改进如下：①在初始解构建和邻域扰动阶段，往路线中插入客户时仅允许每个客户在每条路径中最多出现一次；②车场和车型调整策略不再考虑。然后用本书中改进的算法去测试文献(Chen et al., 2014)中 18 组不同规模(客户数 $N=5, 6, 7, 8, 9, 10$；货物种类数 $M=2, 4, 6$)算例中的第一个算例，并将测试结果与 Chen 等(2014)的结果进行对比，具体见表 5.6。在该表中，“Best”表示算法求解每个算例 5 次所获得的最好解，加粗部分表示理论最优解(Chen et al. 2014 已借助 CPLEX 验证)。“Time”表示获得最好解所用的计算时间(秒)，

“Save1”和“Save2”分别表示本书中算法相对 Chen 等(2014)所改善解和节约计算时间的幅度(%)。

表 5.6　与已有文献的计算结果对比

算例	文献(Chen et al.，2014)计算结果		本书计算结果		节约/%	
	Best	Time/秒	Best	Time/秒	Save1	Save2
5N_ 2M_ 1	391. 46	96. 31	391. 46	13. 5	0	85. 98
6N_ 2M_ 1	957. 66	156. 30	957. 66	21. 57	0	86. 20
7N_ 2M_ 1	977. 80	291. 62	977. 80	27. 34	0	90. 62
8N_ 2M_ 1	817. 20	222. 91	817. 20	25. 47	0	88. 57
9N_ 2M_ 1	970. 49	272. 69	921. 19	28. 34	5. 08	89. 61
10N_ 2M_ 1	849. 07	365. 14	829. 47	35. 08	2. 31	90. 39
5N_ 4M_ 1	940. 54	917. 19	940. 54	36. 18	0	96. 06
6N_ 4M_ 1	1055. 69	318. 26	1055. 69	32. 36	0	89. 83
7N_ 4M_ 1	1481. 13	507. 09	1481. 13	33. 17	0	93. 46
8N_ 4M_ 1	1990. 14	629. 41	1823. 78	38. 79	8. 36	93. 84
9N_ 4M_ 1	1174. 41	995. 83	1161. 22	43. 11	1. 12	95. 67
10N_ 4M_ 1	1218. 42	1095. 94	1212. 46	49. 67	0. 49	95. 47
5N_ 6M_ 1	1863. 63	258. 75	1799. 31	23. 38	3. 45	90. 96
6N_ 6M_ 1	2050. 72	690. 70	2018. 95	43. 77	1. 55	93. 66
7N_ 6M_ 1	1646. 10	690. 56	1632. 36	39. 46	0. 83	94. 29
8N_ 6M_ 1	1611. 23	407. 92	1541. 46	49. 90	4. 33	87. 77
9N_ 6M_ 1	2092. 35	1451. 13	2089. 68	54. 27	0. 13	96. 26
10N_ 6M_ 1	1514. 72	1800. 00	1481. 32	65. 60	2. 21	96. 36
均值	1311. 26	620. 43	936. 39	39. 55	2. 00	91. 17

从表 5. 6 中可知，本书提出的算法在求解能力和求解效率方面均具有较好的表现。与文献(Chen et al.，2014)相比，在获得最优解方面，本书多求解 3 个算例；在求解效率方面，本书提出的算法平均将计算时间节约了 91. 17%。此外，针对本书提出的算法和文献(Chen et al.，2014)均不能获得最优解的 8 个算例，本书提出的算法可以获得更好的解，可将解的质量最大提高 8. 36%，平均提高 2. 00%。

5.4.5 运输方案的实例演练

为了使本书研究优化后的调拨方案具备高度一体化、信息化、精细化等特点，调拨方案中的每条运输路径应包含所用车辆大小、车辆出发地点及日期、车辆返回地点及日期、运输成本及时间、访问的工厂及次序、在各工厂装卸原料种类及数量、访问每个工厂时剩余的车载量及亏吨率等信息。以 2018 年 1 月优化后的某条运输路径为例(见表 5.7)，从表上半部分可知，编号为 21、吨位为 40 的车从 1 月 2 日早上 8：00 出发，于当日 14：00 返回，总行程为 6 小时，总成本为 7096.14 元。从表下半部分可知，该车从车场 2 出发后前往工厂 2 分别装载 10 吨 C013 烤烟、28.4 吨 X11 烤烟和 1.6 吨 B2F 烤烟，并前往工厂 4 卸载；卸载后在工厂 4 装载 40 吨 CX58 烤烟，继续前往工厂 5 卸载；卸载后在工厂 5 分别装载 26.8 吨 C051 烤烟和 13.2 吨 C068 烤烟运送到工厂 2，卸载后车辆返回车场 2。

表 5.7 原料联合调拨方案演示

出发日期	1 月 2 日 8：00	返回日期	1 月 2 日 14：00	总耗时	6 小时
运输成本	7096.14 元	车辆编号	21	吨位数	40
访问路径	装载及卸载任务			剩余车载量/吨	亏吨率/%
车场 2	无			40	1
工厂 2	装载 10 吨 C013 烤烟、28.4 吨 X11 烤烟及 1.6 吨 B2F 烤烟			0	0
工厂 4	先卸载 10 吨 C013 烤烟、28.4 吨 X11 烤烟及 1.6 吨 B2F 烤烟，然后装载 40 吨 CX58 烤烟			0	0
工厂 5	先卸载 40 吨 CX58 烤烟，然后装载 26.8 吨 C051 烤烟和 13.2 吨 C068 烤烟			0	0
工厂 2	卸载 26.8 吨 C051 烤烟和 13.2 吨 C068 烤烟			40	1
车场 2	无			40	1

本书研究的管理启示如下：①相对于人工制定的局部最优调拨方案，本书研究基于资源整合集中管控思想，通过联合优化多厂间供需匹配决策及车辆路径决策来制定全局更优调拨方案，可帮助企业实现降本增效。

②本书提出的优化模型及算法可帮助企业建立生产原料智能调度模块，通过与企业的生产计划、技术配方、各分厂的原料库存和合作运输公司的运力等信息模块有效对接，实现实时智能决策，具体如下：当生产制造中心、技术中心、各分厂和合作运输公司分别将月度生产计划、每种产品的技术配送、月底原料库存、可用车辆等信息传送到生产原料智能调度模块时，即可通过智能决策获得精确到到货时间的原料调拨方案。③数字化物流平台可发挥协同优势，得到理论与实践的高度关注，但决策的复杂性导致管理实践远远落后于现实需要。本章提出的算法作为决策支持系统的核心源代码，不仅可促进企业的生产原料物流管理向智能化转型，而且可为整个物流信息平台(集生产原料、辅料、成品于一体)的建设提供指导，进而帮助企业实现整个供应链的数字化、智能化和精益化管理。

5.5 本章小结

以多点生产/零售网络货品交互调拨为背景，首次对 MC-UASPDVRP-MDMT 进行研究。第一，基于企业实际运营特征，建立以“运距×运量”的运输成本最小为优化目标的混合整数数学规划模型。第二，在同时考虑客户的空间距离特征和客户间商品匹配关系特征的基础上，构建基于运输效率提升的贪婪启发式算法来快速获得初始可行解。第三，设计改进的变邻域搜索算法以改善初始解质量。第四，基于多组企业实例对模型和算法进行实验仿真验证。实验结果表明：①所研究的实际问题高度复杂，CPLEX 在 4 小时内可有效求解的问题规模为 6 家工厂、4 种原料；②基于运输效率的贪婪思想在初始解构建方面具有明显优势；③所设计算法相对文献中相关算法可获得更优的解，相对实际运营中人工制定的调拨方案，所设计的方案可帮助企业平均节约 38%的调拨成本及 25%的车次。

本书研究一方面扩展了 USPDVRP 现有理论，同时为其他学者开展 MC

-UASPDVRP-MDMT 研究提供借鉴；另一方面，通过实例证明本书设计的方案可帮助企业节省大量调拨成本，实现运营效率提升和运营成本降低，该方案可为类似企业生产运营提供科学决策支持。此外，同时优化供需匹配关系和车辆路径的调拨方案符合企业进行集中决策和系统分析的发展趋势，可帮助相关企业推进物流集成化、智能化与精益化建设。

6 总结与展望

6.1 研究总结

基于企业不同的实际优化需求场景，分别探讨 3 种不同优化需求下的多商品供需未匹配取送货车辆路径问题。

首先，对单车场、单车型、单次访问条件下的多商品供需未匹配取送货车辆路径问题进行了探讨。通过引入更简捷有效的“服务次序约束”和“装卸约束”，建立了更紧凑的数学规划模型。基于对问题特性的分析，提出了一系列有效不等式来加强模型。通过嵌入多个初始可行解、整合高效邻域结构和探索更灵活搜索机制，提出了改进的变邻域搜索算法来快速获得高质量的可行解。基于文献中算例进行测试，结果表明：①本书研究改进的模型更加简便，提出的有效不等式能够帮助模型获得最优解或高质量下界，为复杂取送货车辆路问题的理论研究奠定了基础。②本书所提出的算法能够快速获得高质量的解，且在求解质量和求解时间上均明显优于文献中已有算法。

其次，对多车场、多车型、单次访问条件下的多商品供需未匹配取送货车辆路径问题进行了探讨。基于企业实际运营特征，建立以“运距×运量”的车辆路径成本和基于额定吨位的固定派车成本之和最小为优化目标的混合整数数学规划模型；在分析问题特性基础上，构建基于运输效率提升的贪婪启发式算法来快速获得初始可行解；引入四种移除算子（随机移除算子、最坏移除算法、相关度移除算子、以相同客户为导向移除算子）、两种修复算子（贪婪修复算子、最优修复算子）、车场和车型调整策略进行大规模邻域扰动，并借鉴模拟退火的邻域解接受准则及迭代局部搜索机制，设计基于大规模邻域搜索的迭代局部搜索算法以改善初始解质量。基于相关文献算例和企业实例进行实验仿真，验证算法的求解效果。实验结果表明：①所设计算法求解文献中相关问题可获得更优的解，且在求解时间上具有明显优势。②相对企业人工制定的调拨方案，所提出的调拨方案能够帮助企业平均节省33%的调拨费用及21%的车次。

最后，对多车场、多车型、多次访问条件下的多商品供需未匹配取送货车辆路径问题进行了探讨。基于企业实际运营特征，建立以“运距×运量”的运输成本最小为优化目标的混合整数数学规划模型；在同时考虑客户的空间距离特征和客户间商品匹配关系特征的基础上，构建基于运输效率提升的贪婪启发式算法来快速获得初始可行解；设计改进的变邻域搜索算法以改善初始解质量。基于多组企业实例对模型和算法进行实验仿真验证。实验结果表明：①所研究的实际问题高度复杂，CPLEX 在 4 小时内可有效求解的问题规模为 6 家工厂、4 种原料；②基于运输效率的贪婪思想在初始解构建方面具有明显优势；③所设计算法相对文献中相关算法可获得更优的解，相对实际运营中人工制定的调拨方案，所设计的方案可帮助企业平均节约38%的调拨成本及25%的车次。

本书一方面扩展了取送货车辆路径问题现有理论，同时为其他学者开展供需未匹配取送货车辆路径问题研究提供借鉴；另一方面，通过实例证明本书设计的方案可帮助企业节省大量调拨成本，实现运营效率提升和运营成本降低，该方案可为类似企业生产运营提供科学决策支持。此外，同时优化供需匹配关系和车辆路径的调拨方案符合企业进行集中决策和系统分析的发展趋势，可帮助相关企业推进物流集成化、智能化与精益化建设。

6.2　研究展望

本书仅考虑了日常运营情况下(提前期内)生产原料调拨系统优化，在未来的研究中，一方面，可针对生产计划调整等突发情况，考虑时间窗约束来进一步研究多商品供需未匹配取送货车辆路径问题；另一方面，可以考虑在每个客户点的装卸时间，深入研究此问题。

此外，可探索该问题的特性，设计分支定界、分支—切割、列生成等精确算法对该问题进行求解。

参考文献

[1]AGARWAL Y K , VENKATESHAN P. A new model for the asymmetric vehicle routing problem with simultaneous pickup and deliveries[J]. Operations Research Letters, 2020, 48(1): 48–54.

[2]AGARWAL Y , ANEJA Y. Fixed-charge transportation problem: facets of the projection polyhedron[J]. Operations Research, 2012, 60(3): 638–654.

[3]AGRA A , ANDERSSON H , CHRISTIANSEN M , et al. A maritime inventory routing problem: discrete time formulations and valid inequalities[J]. Networks, 2013a, 62(4): 297–314.

[4]AGRA A , CHRISTIANSEN M , DELGADO A. Mixed integer formulations for a short sea fuel oil distribution problem[J]. Transportation Science, 2013b, 47(1): 108–124.

[5]AGRA A , CHRISTIANSEN M , DELGADO A , et al. A maritime inventory routing problem with stochastic sailing and port times[J]. Computers & Operations Research, 2015, 61: 18–30.

[6]AGRA A , CHRISTIANSEN M , DELGADO A , et al. Hybrid heuristics for a short sea inventory routing problem[J]. European Journal of Operational Research, 2014, 236: 924–935.

[7]AL-KHAYYAL F , HWANG S J. Inventory constrained maritime routing and scheduling for multi-commodity liquid bulk, part I: applications and model [J]. European Journal of Operational Research, 2007, 176: 106–130.

［8］ALVAREZVALDES R， BELENGUER J M， BENAVENT E， et al. Optimizing the level of service quality of a bike-sharing system［J］. Omega-international Journal of Management Science， 2016， 62(62)： 163-175.

［9］ANDERSSON， H.， CHRISTIANSEN， M.， FAGERHOLT， K. The maritime pickup and delivery problem with time windows and split loads［J］. Information Systems and Operational Research， 2011， 49(3)： 79-91.

［10］ANDREA BETTINELLI， ALBERTO CESELLI， GIOVANNI RIGHINI. A branch-and-price algorithm for the multi-depot heterogeneous-fleet pickup and delivery problem with soft time windows［J］. Mathematical Programming Computation： A Publication of the Mathematical Programming Society， 2014， 6(2)： 171-197.

［11］ANGELOUDIS， P.， HU， J.， BELL， M. G. H. A strategic repositioning algorithm for bicycle-sharing schemes［J］. Transportmetrica A： Transport Science， 2014， 10： 759-774.

［12］ANTHONY FU-WHA HAN， YU-CHING CHU. A multi-start heuristic approach for the split-delivery vehicle routing problem with minimum delivery amounts［J］. Transportation Research Part E， 2016， 88 页.

［13］ARCHETTI， C.， A. HERTZ， M. G. SPERANZA. A tabu search algorithm for the split delivery vehicle routing problem［J］. Transportation Science， 2006b， 40： 64-73.

［14］ARCHETTI， C.， BIANCHESSI， N.， SPERANZA， M. G. A branch-price-and-cut algorithm for the commodity constrained split delivery vehicle routing problem［J］. Computers & Operations Research， 2015， 64： 1-10.

［15］ARCHETTI， C.， BIANCHESSI， N.， SPERANZA， M. G. Branch-and-cut algorithms for the split delivery vehicle routing problem［J］. European Journal of Operational Research， 2014， 238： 685-698.

［16］ARCHETTI， C.， BOUCHARD， M.， DESAULNIERS， G. Enhanced

branch and price and cut for vehicle routing with split deliveries and time windows [J]. Transportation Science, 2011, 45(3): 285-298.

[17] ARCHETTI, C., SAVELSBERGH, M. W. P., SPERANZA MG. Worst-case analysis for split delivery vehicle routing problems[J]. Transportation Science, 2006a, 40(2): 226-234.

[18] ARCHETTI, C., SAVELSBERGH, M. W. P., SPERANZA, M. G. To split or not to split: That is the question[J]. Transportation Research Part E, 2008, 44(1): 114-123.

[19] ARCHETTI, C., SPERANZA, M. G. Vehicle routing problems with split deliveries[J]. International Transactions in Operation al Research, 2012, 19: 3-22.

[20] ASEFEH, H. G., REZA, T. M. Capacitated vehicle routing problem formulti-product cross-docking with split deliveries and pickups[J]. World Conference on Business, Economics and Management, 2012, 62: 1360-1365.

[21] ASHIMA G, SANJAY S. On Solutions to capacitated vehicle routing problem using an enhanced ant colony optimization technique[J]. Networking Communication and Data Knowledge Engineering, 2018, 3: 257-266.

[22] ASMA M. ALTABEEB, ABDULQADER M. MOHSEN, ABDULLATIF GHALLAB. An improved hybrid firefly algorithm for capacitated vehicle routing problem[J]. Applied Soft Computing Journal, 2019, 84(C): 105728.

[23] AVCI M, TOPALOGLU S. A hybrid metaheuristic algorithm for heterogeneous vehicle routing problem with simultaneous pickup and delivery[J]. Expert Systems with Applications, 2016, 53: 160-171.

[24] BARTÓK TAMÁS, IMREH CSANÁD. Pickup and delivery vehicle routing with multidimensional loading constraints[J]. Acta Cybernetica, 2011, 20(1): 17-33.

[25]BATTARA, M., CORDEAU, J. F., IORI, M. Chapter 6: Pickup-and-delivery problems for goods transportation[M]. In: Toth, P., Vigo, D. (Eds.). Vehicle Routing: MOS-SIAM Series on Optimization-Society for Industrial and Applied Mathematics, 2014: 161-192.

[26]BAUSCH, D. O., BROWN, G. G., RONEN, D. Elastic set partitioning: A powerful tool for scheduling transportation of oil and gas. In: Breton, M., Zaccour, G. (Eds.)[M]. Paris: Editions Technip, 1991.

[27]BEKTAS, T. The multiple traveling salesman problem: an overview of formulations and solution procedures[J]. Omega, 2006, 34: 209-219.

[28] BELENGUER, J. M., MARTINEZ, M. C., MOTA, E. A. Lower bound for the split delivery vehicle routing problem[J]. Operations Research, 2000, 48(5): 801-810.

[29]BERTAZZI, L., M. W. P. SAVELSBERGH, M. G. SPERANZA. Inventory routing[M]. New York: Springer, 2008, 43: 49-72.

[30]BRANDÃO J. Iterated local search algorithm with ejection chains for the open vehicle routing problem with time windows [J]. Computers & Industrial Engineering, 2018, 120: 146-159.

[31]BRANDÃO, J. A tabu search algorithm for the open vehicle routing problem[J]. European Journal of Operational Research, 2004, 157(3): 552-564.

[32]BRUGLIERI, M., MANCINI, S., PISACANE, O. More efficient formulations and valid inequalities for the Green Vehicle Routing Problem[J]. Transportation Research, 2019, 105(8): 283-296.

[33]BULHÕES T, SUBRAMANIAN A, ERDOĞAN G, et al. The static bike relocation problem with multiple vehicles and visits[J]. European Journal of Operational Research, 2018, 264(2): 508-523.

[34]蔡延光，汤雅连，朱君．农村公交协同车辆路径问题的研究[J].

计算机应用研究，2015，32(6)：1657-1662.

[35] CAMPBELL, A. M., CLARKE, L. W., SAVELSBERGH, M. W. P. Inventory routing in practice[M]. P. Toth, D. Vigo, eds. The Vehicle Routing Problem, Vol. 9. SIAM Monographs on Discrete Mathematics and Applications. SIAM, Philadelphia, 2002: 309-330.

[36] CASAZZA, M., CESELLI, A., CALVO, R. W. A route decomposition approach for the single commodity Split Pickup and Split Delivery Vehicle Routing Problem[J]. European Journal of Operational Research, 2019.

[37] CATTARUZZA D, ABSI N, FEILLET D, et al. An iterated local search for the multi-commodity multi-trip vehicle routing problem with time windows[J]. Computers & Operations Research, 2014, 51: 257-267.

[38] 柴获，何瑞春，马昌喜，等．求解带硬时间窗车辆路径问题的改进UMDA算法[J]．交通运输系统工程与信息，2016，16(2)：176-182.

[39] CHEMLA, D., MEUNIER, F., WOLFLER CALVO, R. Bike sharing systems: Solving the static rebalancing problem[J]. Discrete Optimization, 2013, 10(2): 120-146.

[40] CHEN, Q. F., LI, K. P., LIU, Z. X. Model and algorithm for an unpaired pickup and delivery vehicle routing problem with split loads[J]. Transportation Research Part E: Logistics and Transportation Review, 2014, 69: 218-235.

[41] CHEN, S., GOLDEN, B., WASIL, E. The split delivery vehicle routing problem: Applications, algorithms, test problems, and computational results[J]. Networks, 2007, 49(4): 318-329.

[42] 陈希琼，胡大伟，杨倩倩，等．多目标同时取送货车辆路径问题的改进蚁群算法[J]．控制理论与应用，2018，35(9)：135-144.

[43] 陈子根，辛旭，陈康，等．考虑硬时间窗的多船型海上穿梭油轮船

队设计与调度同步优化模型[J]. 大连海事大学学报，2018，44(3)：49-55.

[44]程谦，张大力，侯立文. 具有时间窗的取送货问题建模和大邻域搜索算法[J]. 哈尔滨商业大学学报(自然科学版)，2016，32(6)：734-739，751.

[45]CHIANG，W. C.，RUSSELL，R. A. A reactive tabu search metaheuristic for the vehicle routing problem with time windows[J]. INFORMS Journal On Computing，1997，9(4)：417-430.

[46]CHRISTIANSEN，M. Decomposition of a combined inventory and time constrained ship routing problem[J]. Transportation Science，1999，33(1)：3-16.

[47]CHRISTIANSEN，M.，FAGERHOLT，K.，FLATBERG，T.，et al. Maritime inventory routing with multiple products：A case study from the cement industry[J]. European Journal of Operational Research，2011，208：86-94.

[48]CHRISTIANSEN，M.，NYGREEN，B. A method for solving ship routing problems with inventory constraints[J]. Annals of Operations Research，1998a，81：357-378.

[49]CHRISTIANSEN，M.，NYGREEN，B. A modelling path flows for a combined ship routing and inventory management problem[J]. Annals of Operations Research，1998b，82：391-413.

[50]COELHOA，V N，GRASAS A，RAMALHINHOC H. An ILS-based algorithm to solve a large-scale real heterogeneous fleet VRP with multi-trips and docking constraints[J]. European Journal of Operational Research，2016，250：367-376.

[51]CONTARDO，C.，MARTINELLI，R. Anew exact algorithm for the multi-depot vehicle routing problem under capacity and route length constraints[J]. Discrete Optimization，2014，12：129-146.

[52]CORDEAU, J. F. A branch-and-cut algorithm for the dial-a-ride problem[J]. Operations Research, 2006, 54(3): 573-586.

[53]CORDEAU, J. F., LAPORTE, G., MERCIER, A. Improved tabu search algorithm for the handling of route duration constraints in vehicle routing problems with time windows[J]. Journal of the Operational Research Society, 2004, 55(5): 542-546.

[54]CORDEAU, J. F., MAISCHBERGER, M. A parallel iterated tabu search heuristic for vehicle routing problems[J]. Computers & Operations Research, 2012, 39(9): 2033-2050.

[55]CÔTÉ, J. F., POTVIN, J. Y. A tabu search heuristic for the vehicle routing problem with private fleet and common carrier[J]. European Journal of Operational Research, 2009, 198: 464-469.

[56]CUI L, WANG L, DENG J. RFID technology investment evaluation model for the stochastic joint replenishment and delivery problem[J]. Expert Systems With Applications, 2014, 41(4): 1792-1805.

[57]崔巍，魏帅，胡轩．带批次和临时库存的越库配送车辆路径问题研究[J]．数学的实践与认识，2021，51(3)：26-38.

[58]DANTZIG, G., RAMSER, J. The truck dispatching problem [J]. Management Science, 1959(6): 80-91.

[59]DE, A., AWASTHI, A., TIWARI, M. K. Robust formulation for optimizing sustainable ship routing and scheduling problem [J]. IFAC-PapersOnLine, 2015, 48(3): 368-373.

[60] DE, A., MAMANDURU, V. K. R., GUNASEKARAN, A., et al. Composite particle algorithm for sustainable integrated dynamic ship routing and scheduling optimization [J]. Computers & Industrial Engineering, 2016, 96: 201-215.

[61] DELL'AMICO, M., HADJICOSTANTINOU, E., IORI, M., et al. The bike sharing rebalancing problem: Mathematical formulations and benchmark instances[J]. Omega, 2014, 45: 7-19.

[62] DELL'AMICO, M., IORI, M., NOVELLANI, S., et al. A destroy and repair algorithm for the Bike sharing Rebalancing Problem[J]. Computers & Operations Research, 2016, 71: 149-162.

[63]邓爱民，毛超，周彦霆．带软时间窗的集配货一体化 VRP 改进模拟退火算法优化研究[J]．系统工程理论与实践，2009，29(5)：186-192.

[64]邓向林，唐飞岳．基于蜂群算法的物流配送规划研究[J]．微型机与应用，2017(1)：238-243.

[65]DERIGS, U., LI, B., VOGEL, U. Local search-based metaheuristics for the split delivery vehicle routing problem [J]. Journal of the Operational Research Society, 2009, 61: 1356-1364.

[66]DESAULNIERS, G. Branch-and-price-and-cut for the split delivery vehicle routing problem with time windows [J]. Operations Research, 2010, 58(1): 179-192.

[67] DESROSIERS, J., DUMAS, Y., SOLOMON, M. M., et al. Time constrained routing and scheduling[J]. In: Ball MO, Magnanti TL, Monma CL, et al. (eds), Handbooks in Operations Research and Management Science: Network Routing, North-Holland, Amsterdam, the Netherlands, 1995, 8: 35-139.

[68]DI, L., URLI, A. R. T. Balancing bike sharing systems with constraint programming[J]. Constraints, 2016, 21: 318-348.

[69] DIVYA JAYAKUMAR NAIR, HANNA GRZYBOWSKA, DAVID REY, et al. Food rescue and delivery: Heuristic algorithm for periodic unpaired pickup and delivery vehicle routing problem [J]. Transportation Research Record, 2016, 2548(1): 81-89.

[70] DROR, M., BALL, M. Inventroy/routing: reduction from an annual to a short- period problem[J]. Naval Rasearch Logistics, 1987, 34: 891-905.

[71] DROR, M., LAPORTE, G. TRUDEAU P. Vehicle routing with split deliveries[J]. Discrete Applied Mathmatics, 1994, 50: 239-254.

[72] DROR, M., TRUDEAU, P. Savings by split delivery routing[J]. Transportation Science. 1989, 23: 141-145.

[73] DROR, M., TRUDEAU, P. Split delivery routing[J]. Naval Research. Logistics. 1990, 37: 383-402.

[74] DUMAS, Y., DESROSIERS, J., SOUMIS, F. The pickup and delivery problem with time windows[J]. European Journal of Operational Research, 1991, 54: 7-22.

[75]段凤华．带软时间窗约束的开放式车辆路径问题及其应用[D]．长沙：中南大学，2010.

[76] EDUARDO THEODORO BOGUE, HUGGO SILVA FERREIRA, THIAGO F. NORONHA, et al. A column generation and a post optimization VNS heuristic for the vehicle routing problem with multiple time windows[J]. Optimization Letters, 2020, 16(1): 1-17.

[77] ENGINEER, F. G., FURMAN, K. C., NEMHAUSER, G. L., et al. A branch-price-and-cut algorithm for single product maritime inventory routing[J]. Operations Research, 2012, 60(1): 106-122.

[78] ERDO˘GAN, G., BATTARRA, M., CALVO, R. W. An exact algorithm for the static rebalancing problem arising in bicycle sharing systems[J]. European Journal of Operational Research, 2015, 245: 667-679.

[79]范厚明，吴嘉鑫，耿静，等．模糊需求与时间窗的车辆路径问题及混合遗传算法求解[J]．系统管理学报，2020，29(1)：107-118.

[80]方文婷，艾时钟，王晴，等．基于混合蚁群算法的冷链物流配送路径优化研究[J]．中国管理科学，2019，27(11)：107-115.

[81]FLISBERG，P.，LIDÉN，B.，RONQVIST，M. A hybrid method based on linear programming and tabu search for routing of logging trucks[J]. Computers & Operations Research，2009，36（4）：1122-1144.

[82]FORMA，I. A.，RAVIV，T.，TZUR，M. A 3-step math heuristic for the static repositioning problem in bike-sharing systems[J]. Transportation Research Part B，2015，71：230-247.

[83]FRIZZELL，P. W. GIFFIN，J. W. The split delivery vehicle scheduling problem with time windows and grid network distances [J]. Computers & Operations Research，1995，22(6)：655-667.

[84]FRIZZELL，P. W.，GRIFFIN，J. W. The bounded split delivery vehicle routing problem with grid network distances[J]. Asia-Pacific Journal of Operational Research，1992，9(1)：101-116.

[85]符卓，刘文，邱萌．带软时间窗的需求依订单拆分车辆路径问题及其禁忌搜索算法[J]．中国管理科学，2017，25(5)：78-86.

[86]高远，孙卓，王奇．带有潮汐时间窗的支线船舶路径规划问题研究[J/OL]．系统工程理论与实践：1-17[2022-08-12]. http：//kns. cnki. net/kcms/detail/11. 2267. N. 20220510. 1910. 002. html.

[87]GENDREAU，M.，FEILLET，D.，DEJAX，P.，et al. Vehicle routing with time windows and split deliveries [J]. Technical Paper 2006-851，Laboratoire d'Informatique d'Avignon，2006.

[88]GENDREAU，M.，IORI，M.，LAPORTE，G.，et al. A tabu search heuristic for the vehicle routing problem with two-dimensional loading constraints[J]. Networks，2008，51(1)：4-18.

[89]GENDREAU，M.，LAPORTE，G.，VIGO，G. Heuristics for the

traveling salesman problem with pickup and delivery [J]. Computers & Operations Research, 1999, 26: 699-714.

[90] GIOVANNI, L. D., GASTALDON, N., SOTTOVIA, F. A two-level local search heuristic for pickup and delivery problems in express freight trucking[J]. Networks, 2019, 74(4): 333-350.

[91] GLOVER, F. Future paths for integer programming and links to artificial intelligence [J]. Computers & Operations Research, 1986, 13(5): 533-549.

[92] GULCZYNSKI, D., GOLDEN, B., WASIL, E. The multi-depot split delivery vehicle routing problem: An integer programming-based heuristic, new test problems, and computational results[J]. Computers & Industrial Engineering, 2011, 61: 794-804.

[93] GULCZYNSKI, D., GOLDEN, B., WASIL, E. The split delivery vehicle routing problem with minimum delivery amounts[J]. Transportation Research Part E, 2010, 46: 612-626.

[94] GÜNEŞ ERDOGˇAN, MARIA BATTARRA, GILBERT LAPORTE, et al. Metaheuristics for the traveling salesman problem with pickups, deliveries and handling costs[J]. Computers and Operations Research, 2012, 39(5): 1074-1086.

[95]郭海湘，潘雯雯，周欣然，等. 基于单车场多车型车辆路径问题的混合求解算法[J]. 系统管理学报，2017，26(5)：824-834.

[96] HAN, A. F., CHU, Y. C. A multi-start heuristic approach for the split-delivery vehicle routing problem with minimum delivery amounts [J]. Transportation Research Part E, 2016, 88: 11-31.

[97] HAN, A. F., CHU, Y. C. A multi-start heuristic approach for the split-delivery vehicle routing problem with minimum delivery amounts [J]. Transportation Research Part E, 2016, 88: 11-31.

[98]HAO JIANG, LU MENGXIN, YE TIAN, et al. An evolutionary algorithm for solving Capacitated Vehicle Routing Problems by using local information [J]. Applied Soft Computing Journal, 2022, 117: 108431.

[99]HE KUN, TOLE KEVIN, NI FEI, et al. Adaptive large neighborhood search for solving the circle bin packing problem[J]. Computers & Operations Research, 2020, 127: 105140.

[100] 何莹莹. 考虑同时取送货的家电物流路径优化研究[D]. 大连: 大连海事大学, 2019.

[101] HEMMATI, A., HVATTUM, L.M., CHRISTIANSEN, M., et al. An iterative two-phase hybrid matheuristic for a multi-product short sea inventory-routing problem [J]. European Journal of Operational Research, 2016, 252: 775-788.

[102] HEMMATI, A., STÅLHANE, M., HVATTUM, L.M., et al. An effective heuristic for solving a combined cargo and inventory routing problem in tramp shipping [J]. Computers & Operations Research, 2015, 64: 274-282.

[103] HENNIG F, NYGREEN B, LUBBECKE M E. Nested column generation applied to the crude oil tanker routing and scheduling problem with split pickup and split delivery[J]. Naval Research Logistics, 2012, 59: 298-310.

[104] HENNIG, F., NYGREEN, B., CHRISTIANSEN, M., et al. Maritime crude oil transportation-A split pickup and split delivery problem[J]. European Journal of Operational Research, 2012, 218(3): 764-774.

[105] HENNIG, F., NYGREEN, B., CHRISTIANSEN, M., et al. Maritime crude oil transportation-A split pickup and split delivery problem[J]. European Journal of Operational Research, 2012a, 218: 764-774.

[106] HENNIG, F., NYGREEN, B., FURMAN, K.C., et al. Alternative approaches to the crude oil tanker routing and scheduling problem with split pickup and split delivery[J]. European Journal of Operational Research,

2015, 243: 41-51.

[107] HENNIG, F., NYGREEN, B., LÜBBECKE, M. E. Nested column generation apllied to the crude oil tanker routing and scheduling problem with split pickup and split delivery[J]. Naval Research Logistics, 2012b, 59: 298-310.

[108] HERNÁNDEZ-PÉREZ H, RODRÍGUEZ-MARTÍN I, SALAZAR-GONZÁLEZ J. J. A hybrid heuristic approach for the multi-commodity pickup-and-delivery traveling salesman problem[J]. European Journal of Operational Research, 2016, 251(1): 44-52.

[109] HERNÁNDEZ-PÉREZ H, RODRÍGUEZ-MARTÍN I, SALAZAR-GONZÁLEZ, J. J. A hybrid GRASP/VND heuristic for the one-commodity pickup-and-delivery travelling salesman problem[J]. Computers & Operations Research, 2009, 36: 1639-1645.

[110] HERNÁNDEZ-PÉREZ H, SALAZAR-GONZÁLEZ J J. The multi-commodity pickup-and-delivery traveling salesman problem[J]. Networks, 2014, 63(1): 46-59.

[111] HERNÁNDEZ-PÉREZ H, SALAZAR-GONZALEZ J. J. The one-commodity pickup-and-delivery traveling salesman problem: Inequalities and algorithms[J]. Networks, 2007, 50(4): 258-272.

[112] HERNÁNDEZ-PÉREZ, H., SALAZAR-GONZALEZ, J. J. A branch-and-cut algorithm for a traveling salesman problem with pickup and delivery[J]. Discrete Applied Mathematics, 2004a, 145: 126-139.

[113] HERNÁNDEZ-PÉREZ, H., SALAZAR-GONZALEZ, J. J. Heuristics for the one-commodity pickup-and-delivery traveling salesman problem[J]. Transportation Science, 2004b, 38(2): 245-255.

[114] HO, S. C., HAUGLAND, D. A tabu search heuristic for the ve-

hicle routing problem with time windows and split deliveries [J]. Computers & Operations Research, 2004, 31 (12): 1947-1964.

[115]HO, S. C., SZETO, W. Y. Solving a static repositioning problem in bike-sharing systems using iterated tabu search[J]. Transportation Research Part E, 2014, 69: 180-198.

[116]侯立文，谭家美，赵元．求解带时间窗的客户需求可分条件下的车辆路径问题[J]．中国管理科学，2007，15(6)：46-51.

[117]侯玲娟，周泓，梁春华．不确定需求和旅行时间下的车辆路径问题[J]．计算机集成制造系统，2011，17(1)：101-108.

[118]胡安源，张新．基于中国邮递员问题的城区烟草配送线路优化模型与算法[J]．物流工程与管理，2016，38(5)：145-149，226.

[119]IBRAHIM ABDULLAHI, ISHAYA JEREMIAH, ABDULAZIZ RABIAT, et al. Solving some variants of vehicle routing problem with Branch-and-cut and Column generation algorithms[J]. Open Journal of Mathematical Sciences, 2020, 4(1): 63-73.

[120] IZUNO, T., NISHI, T., YIN, S. Column generation for split pickup and delivery vehicle routing problem for carde oil transportation [J]. ASME/ISCIE International Symposium on Flexible Automation, 2013: 397-404.

[121] JEAN-FRANÇOIS CÔTÉ, MICHEL GENDREAU, JEAN-YVES POTVIN. Large neighborhood search for the pickup and delivery traveling salesman problem with multiple stacks[J]. Networks, 2012, 60(1)页.

[122] JIANPING LUO, XIA LI, min-RONG CHEN, et al. A novel hybrid shuffled frog leaping algorithm for vehicle routing problem with time windows[J]. Information Sciences, 2015, 316: 266-292.

[123] JIANG, Y. H., GROSSMANN, I. E. Alternative mixed-integer linear programming models of a maritimeinventory routing problem [J].

Computers and Chemical Engineering, 2015, 77: 147-161.

[124]季彬，周赛琦，张政. 分支定价方法求解带二维装箱约束的车辆路径问题[J]. 控制理论与应用，2021，38：1-9.

[125]揭婉晨，侍颖，杨超. 需求可拆分电动汽车车辆路径问题及其改进分支定价算法研究[J]. 管理学报，2020，17(12)：1873-1880.

[126]JIN, M, LIU, K, BOWDON, R. O. A two-stage algorithm with valid inequalities for the split delivery vehicle routing problem[J]. International Journal of Production Economics, 2007, 105: 228-42.

[127]JIN, M, LIU, K, EKSIOGLU, B. A column generation approach for the split delivery vehicle routing problem[J]. Operations Research Letters , 2008, 36: 265-270.

[128] KADRI, A. A. , KACEM, I. , LABADI, K. A branch - and - bound algorithm for solving the static rebalancing problem in bicycle-sharing systems[J]. Computers & Industrial Engineering, 2016, 95: 41-52.

[129] KALAYCI, C. B. , KAYA, C. An ant colony system empowered variable neighborhood search algorithm for the vehicle routing problem with simultaneous pickup and delivery [J]. Expert Systems with Applications, 2016, 66: 163-175.

[130] KORSVIK, J. E. , FAGERHOLT, K. , LAPORTE, G. A large neighbourhood search heuristic for ship routing and scheduling with split loads [J]. Computers & Operations Research, 2011, 38 (2): 474-483.

[131]KOURANK B A, HEJAZI S R. A novel hybrid column generation-metaheuristic approach for the vehicle routing problem with general soft time window [J]. Information Sciences, 2015, 316: 598-615.

[132] LAI, D. S. W. , DEMIRAG, O. C. , LEUNG, J. M. Y. A tabu search heuristic for the heterogeneous vehicle routing problem on a multigraph

[J]. Transportation Research Part E, 2016, 86: 32-52.

[133]LAI, M., BATTARRA, M., MASSIMO, D. F. An adaptive guidance meta-heuristic for the vehicle routing problem with splits and clustered backhauls [J]. Journal of the Operational Research Society, 2015, 66: 1222-1235.

[134] LEE, C. G., EPELMAN M. A., WHITE III C. C., et al. A shortest path approach to the multiple-vehicle routing problem with split pick-ups[J]. Transportation Research Part B, 2006, 40: 265-84.

[135]LI, C., GONG, L., LUO, Z., et al. A branch-and-price-and-cut algorithm for a pickup and delivery problem in retailing[J]. Omega, 2018, 89: 71-91.

[136] LI, H. Q., WANG, H. T., CHEN, J., et al. Two-echelon vehicle routing problem with time windows and mobile satellites. Transportation Research Part B: Methodological, 2020, 138: 179-201.

[137]李华峰，黄樟灿，张蔷，等．求解需求可拆分车辆路径问题的改进的金字塔演化策略[J]. 计算机应用，2021，41(1)：300-306.

[138] LI, J., PARDALOS, P. M., SUN, H., et al. Iterated local search embedded adaptive neighborhood selection approach for the multi-depot vehicle routing problem with simultaneous deliveries and pickups[J]. Expert Systems with Applications, 2015, 42(7): 3551-3561.

[139]李进，张江华．基于碳排放与速度优化的带时间窗车辆路径问题[J]. 系统工程理论与实践，2014，34(12)：3063-3072.

[140]李晶，邵倩．考虑多模糊时间窗医药物流配送路径优化[J]. 物流技术，2020，39(3)：89-93.

[141]LI, Y. F., SZETO, W. Y., LONG, J. C., el al. A multiple type bike repositioning problem[J]. Transportation Research Part B, 2016, 90: 263-278.

[142]李博威，户佐安，贾叶子，等．带软时间窗的同时取送货车辆路径问题研究[J]．工业工程，2020，23(5)：75-81.

[143]李楠，胡蓉，钱斌，等．两阶段混合优化算法求解模糊需求下多时间窗车辆路径问题[J]．控制与决策，2022，37(6)：1573-1582.

[144]李国明，李军华．带软时间窗的随机需求车辆路径问题的算法研究[J]．计算机集成制造系统，2021，27(8)：2270-2281.

[145]李嫚嫚，陆建，安颖．考虑客户偏好的双目标时间窗指派车辆路径问题[J]．东南大学学报(自然科学版)，2018，48(3)：568-575.

[146]李文霞，张春民，马昌喜．多目标低碳车辆路径优化模型及求解算法[J]．交通信息与安全，2020，38(1)：118-126，144.

[147]李卓，李文霞，巨玉祥，等．混合蚁群算法求解带软时间窗的车辆路径问题[J]．武汉理工大学学报(交通科学与工程版)，2019，43(4)：761-766.

[148]LIN，C. K. Y. A vehicle routing problem with pickup and delivery time windows，and coordination of transportable resources[J]. Computers & Operations Research，2011，38 (11)：1596-1609.

[149]刘建胜，蔡祥，黄纪绘，等．考虑同时取送和时间窗的车辆路径及求解算法[J/OL]．计算机工程与应用，2022：1-13.

[150]LIU，T. T.，JIANG，Z. B.，LIU，R.，et al. A review of the multi-depot vehicle routing problem[J]. Energy Procedia，2011，13：3381-3389.

[151]刘丞，乔金友，金鑫．基于蚁群算法的通勤车路径问题优化研究[J]．物流技术，2013，32(5)：278-280.

[152]刘诚，陈治亚，封全喜．带软时间窗物流配送车辆路径问题的并行遗传算法[J]．系统工程，2005(10)：11-15.

[153]刘旺盛，杨帆，李茂青，等．需求可拆分车辆路径问题的聚类求解算法[J]．控制与决策，2012(4)：57-63.

[154]刘文琪．时间依赖型的带软时间窗同时取送货车辆路径优化研究[D]．大连：大连海事大学，2019.

[155]刘新宇，符卓，邱萌．需求可拆分车辆路径问题研究：文献综述[J]．技术经济，2017，36(1)：96-109.

[156]刘岩．带同时取货和送货的车辆路径优化问题研究[D]．北京：北京交通大学年．

[157]栾玉麟，郭鹏，王丽敏．时尚行业零售网点多品类取送货车辆路径优化研究[J]．工业工程与管理，2020，25(4)：41-49.

[158] LU，Y. L.，BENLIC，U.，WU，Q. H. A population algorithm based on randomized tabu thresholding for the multi-commodity pickup-and-delivery traveling salesman problem [J]. Computers and Operations Research, 2019，101：285-297.

[159]鲁建厦，李嘉丰，汤洪涛．政府补贴和再制造收益影响下的集配一体化车辆路径问题研究[J]．高技术通讯，2021，31(2)：188-198.

[160]芦娟，夏扬坤，邹安全，等．带装载能力的需求依背包拆分车辆路径问题[J]．工业工程，2019，22(6)：67-73.

[161]骆正山，王小完．基于模糊条件下车辆路径问题的研究[J]．微电子学与计算机，2005(3)：181-184.

[162] LYSGAARD，J.，LETCHFORD，A.，EGLESE，R. A new branch-and-cut algorithm for the capacitated vehicle routing ptoblem [J]. Math. Program, 2004，100(2)：423-445.

[163] MAR-ORTIZ，J.，GONZÁLEZ-VELARDE，J. L.，ADENSO-DÍAZ，B. Designing routes for WEEE collection：the vehicle routing problem with split loads and date windows [J]. J. Heuristics，2013，19：103-127.

[164] MASMOUDI，M. A.，HOSNYB，M.，BRAEKERSC，K. et al. Three effective metaheuristics to solve the multi-depot multi-trip heterogeneous

dial-a-ride problem[J]. Transportation Research Part E: Logistics and Transportation Review, 2016, 96: 60-80.

[165]马冰山，胡大伟，陈希琼，等. 半开放式的多配送中心纯电动车辆路径优化问题[J]. 交通运输系统工程与信息，2019，19(6)：199-205.

[166]马艳芳，李保玉，杨屹夫，等. 客户分类下生鲜配送两级路径问题与算法研究[J]. 计算机工程与应用，2021，57(20)：287-298.

[167]马艳芳，闫芳，康凯，等. 不确定同时取送货车辆路径问题及粒子群算法研究[J]. 运筹与管理，2018，27(12)：73-83.

[168]马龙，王春嬉，张正义，等. 多目标多时间窗车辆路径问题的鸽群—水滴算法[J]. 计算机工程与应用，2021，57(2)：237-250.

[169] MARJOLEIN VEENSTRA, MARILÈNE CHERKESLY, GUY DESAULNIERS, et al. The pickup and delivery problem with time windows and handling operations[J]. Computers and Operations Research, 2017, 77: 127-140.

[170] MCKAY, M. D., HARTLEY, H. O. Computerized scheduling of seagoing tankers[J]. Naval Research Logistics. 1974, 21(2): 255-264.

[171] MCNABB, M. E., WEIR, J. D., HILL, R. R., et al. Testing local search move operators on the vehicle routing problem with split deliveries and timewindows[J]. Computers & Operations Research, 2015, 56: 93-109.

[172] MEISEL, F., KIRSCHSTEIN, T., BIERWIRTH, C. Integrated production and intermodal transportation planning in large scale production-distribution-networks[J]. Transportation Research Part E, 2013, 60: 62-78.

[173]孟凡超，陆志强，孙小明. 需求可拆分车辆路径问题的禁忌搜索算法[J]. 计算机辅助工程，2010，19(1)：78-83.

[174]孟祥虎，胡蓉，钱斌. 求解带时间窗车辆路径问题的有效混合PBIL算法[J]. 系统工程理论与实践，2014，34(10)：2701-2709.

[175]MILLER, C. E., TUCKER, A. W., ZEMLIN, R. A. Integer pro-

gramming formulations and traveling salesman problems[J]. J ACM, 1960, 7: 326-329.

[176]MILLER, D. M. An Interactive, Computer-aided ship scheduling system[J]. European Journal Operation. Research, 1987, 32: 363-379.

[177]MIRZAEI, S., SEIFI, A. Considering lost sale in inventory routing problems for perishable goods [J]. Computers & Industrial Engineering, 2015, 87: 213-227.

[178]MITRA, S. A parallel clustering technique for the vehicle routing problem with split deliveries and pickups [J]. Journal of the Operational Research Society, 2008, 59(11): 1532-1546.

[179]MITRA, S. An algorithm for the generalized vehicle routing problem with backhauling[J]. Asia 2 Pacific Journal of Operational Research, 2005, 22 (2): 153-169.

[180]MLADENOVIĆ, N., UROŠEVIĆ, D., HANAFI, S., et al. A general variableneighborhood search for the one-commodity pickup-and-delivery travelling salesman problem[J]. European Journal of Operational Research, 2012, 220: 270-285.

[181]MMS A, AS B, LSO A. An iterated local search heuristic for the split delivery vehicle routing problem[J]. Computers & Operations Research, 2015, 53: 234-249.

[182]MOIN, N. H., SALHI S. Inventory routing problems: A logistical overview[J]. Journal Operational Research Society, 2007, 58(9): 1185-1194.

[183]MOSHREF-JAVADI, M., LEE, S. The customer-centric, multi-commodity vehicle routing problem with split delivery[J]. Expert Systems With Applications, 2016, 56: 335-348.

[184]Mullaseril, P. A., M. Dror, P. Trudeau. Split-delivery routing

heuristics in livestock feed distribution[J]. J. Operations Research, 1997, 48: 107-116.

[185] MOUAOUIA CHERIF BOUZID, HACENE AÏT HADDADENE, SAID SALHI. An integration of Lagrangian split and VNS: The case of the capacitated vehicle routing problem[J]. Computers and Operations Research, 2017, 78: 513-525.

[186] NAGY, G., WASSAN, N. A., SPERANZA, M. G., et al. The vehicle routing problem with divisible deliveries and pickups [J]. Transportation Science, 2015, 49(2): 271-294.

[187] NÁJERA, A. G., GUTIERREZ-ANDRADE, M. A. An evolutionary approach to the multi-objective pickup and delivery problem with time windows [C]// 2013 IEEE Congress on Evolutionary Computation. IEEE, 2013.

[188]南丽君，陈彦如，张宗成．改进的自适应大规模邻域搜索算法求解动态需求的混合车辆路径问题[J]．计算机应用研究，2021，38(10)：2926-2934.

[189] NGUYEN, P. K., CRAINIC, T. G., TOULOUSE, M. T. A tabu search for Time-dependent Multi-zone Multi-trip Vehicle Routing Problem with Time Windows[J]. European Journal of Operational Research, 2013, 231(1): 43-56.

[190]倪霖，刘凯朋，涂志刚．考虑同时取送货的城市快递共同配送路径优化[J]．重庆大学学报，2017，40(10)：30-39.

[191] NOWAK, M., ERGUN, O, WHITE, C. C. An emperical study on the benefit of split loads with the pickup and delivery problem[J]. European Journal of Operational Research, 2009, 198: 734-740.

[192] NOWAK, M., ERGUN, O., WHITE, C. C. Pickup and delivery with split loads[J]. Transportation Science, 2008, 42(1): 32-43.

[193] NOWAK, M., HEWITT, M., WHITE, C. C. Precedence constrained pickup and delivery with split loads[J]. International Journal of Logistics: Research and Applications, 2012, 15: 1-14.

[194] ONCAN, T., AKSU, D. T., SAHIN, G. A branch and cut algorithm for the multi-vehicle one-to-one pickup and delivery problem with split loads[J]. International Conference on Industrial Engineering and Engineering Management, 2011: 1864-1868.

[195] OSMAN, I. H. Metastrategy simulated annealing and tabu search algorithms for the vehicle routing problem[J]. Annals of Operations Research, 1993, 41(4): 421-451.

[196] PANDELIS, D. G., KARAMATSOUKIS, C. C., KYRIAKIDIS, E. G. Finite and infinite-horizon single vehicle routing problems with a predefined customer sequence and pickup and delivery[J]. European Journal of Operational Research, 2013, 231: 577-586.

[197] PAPAGEORGIOU, D. J., NEMHAUSER, G. L., SOKOL, J., et al. B. MIRPLi-A library of maritime inventory routing problem instances: Survey, core model, and benchmark results [J]. European Journal of Operational Research, 2014, 235: 350-366.

[198] PARK, T. J., CHUNG, Y. Multi objective vehicle and drone routing problem with time window[J]. Journal of the Korea Society of Computer & Information, 2019, 24(1): 167-178.

[199] PARRAGH, S. N., SCHMID, V. Hybrid column generation and large neighborhood search for the dial-a-ride problem[J]. Computers & Operations Research, 2013, 40 (1): 490-497.

[200] PEDRO MUNARI, MARTIN SAVELSBERGH. A column generation-based heuristic for the split delivery vehicle routing problem with time windows

[J]. SN Operations Research Forum, 2020, 1(4): 1253-1284.

[201]PELIK, J. Pickup and delivery problem with split demand and transfers kybernetika-volume[J]. 2013, 49(5): 755 -764.

[202] PELIKÁN, J., FÁBRY, J. Heuristics for routes generation in pickup and delivery problem[J]. Central European Journal of Operations Research, 2012, 20: 463-472.

[203]POP P C, MATEI O, SITAR C P. An improved hybrid algorithm for solving the generalized vehicle routing problem [J]. Neurocomputing, 2013, 109: 76-83.

[204]潘立军，符卓．求解带时间窗取送货问题的遗传算法[J]. 系统工程理论与实践，2012，32(1)：120-126.

[205]潘雯雯，郭海湘，周光勇，等．基于两阶段算法的需求可拆分多车型车辆路径问题[J]. 中国管理科学，2016，24(SI)：55-61.

[206]庞柒，阮平南，关志强．混合人工蜂群算法求解煤炭物流中的CVRP 问题[J]. 现代管理科学，2014，1：35-41.

[207]庞燕，罗华丽，夏扬坤．基于第三方物流的家具配送开放式车辆路径问题[J]. 信息与控制，2020，49(2)：233-241.

[208]PENG SUN, LUCAS P. VEELENTURF, MIKE HEWITT, et al. The time-dependent pickup and delivery problem with time windows[J]. Transportation Research Part B, 2018, 116: 1-24.

[209]彭碧涛，周世平．同时取送货的三维装载约束下车辆路径问题[J]. 计算机工程与应用，2016，52(6)：242-247.

[210]彭勇，罗佳，刘星，等．带二维装箱约束的需求可拆分车辆路径问题模型及算法研究[J]. 科学技术与工程，2017，17(19)：268-272.

[211]戚远航，蔡延光，蔡颢，等．带时间窗的车辆路径问题的离散蝙蝠算法[J]. 电子学报，2018，46(3)：672-679.

[212] RAINER - HARBACH, M., PAPAZEK, P., HU, B., et al. Balancing bicycle sharing systems: A variable neighborhood search approach[J]. LNCS, 2013, 7832: 121-132.

[213]饶卫振，金淳．求解大规模 CVRP 问题的快速贪婪算法[J]．管理工程学报，2014，28(2)：45-54.

[214] RAVIV, T., TZUR, M., FORMA, I. Static repositioning in a bike-sharing system: Models and solution approaches[J]. EURO, Journal on Transportation and Logistics, 2013, 2: 187-229.

[215]RAY, S., SOEANU, A., BERGER, J., et al. The multi-depot split-delivery vehicle routing problem: Model and solution algorithm[J]. Knowledge-Based Systems, 2014, 71: 238-265.

[216]任腾，罗天羽，谷智华，等．考虑同时取送货的城市物流共同配送路径优化[J/OL]．计算机集成制造系统，2022：1-18.

[217] RENAUD, J., LAPORTE, G., BOCTOR, F. F. A tabu search heuristic for the multi-depotvehicle routing problem[J]. Computers & Operations Research, 1996, 23(3): 229-235.

[218]RICHARD P. HORNSTRA, ALLYSON SILVA, KEES JAN ROODBERGEN, et al. The vehicle routing problem with simultaneous pickup and delivery and handling costs[J]. Computers and Operations Research, 2020, 115: 104858.

[219] RØPKE, S., CORDEAU, J. F. Branch-and-cut-and-price for the pickup and delivery problem with time windows[J]. Transportation Science, 2009, 43(3): 267-286.

[220] RØPKE, S., PISINGER, D. An adaptive large neighborhood search heuristic for the pickup and delivery problem with time windows[J]. Transportation Science, 2006, 40: 455-472.

[221] SAHIN, M., CAVUSLAR, G., ONCAN, T. An efficient heuristic for the Multi-vehicle One-to-one Pickup and Delivery Problem with Split Loads [J]. Triennial Symposium on Transportation Analysis, 2013, 27: 169-188.

[222] SALANI, M., VACCA, I. Branch and price for the vehicle routing problem with discrete split deliveries and time windows [J]. European Journal of Operational Research, 2011, 213: 470-477.

[223] SALAZAR-GONZALEZ J. J, SANTOS-HERNÁNDEZ B. The split-demand one-commodity pickup-and- delivery travelling salesman problem [J]. Transportation Research Part B, 2015, 75: 58-73.

[224] 尚春剑，马良，刘勇．垃圾分类下带时间窗异构周期性混合车辆路径问题模型及算法[J]．系统工程，2021，39(6)：131-145.

[225] SHI, X., ZHAO, F., GONG, Y. Genetic algorithm for the one-commodity pickup-and-delivery vehicle routing problem [J]. In: IEEE international conference on intelligent computing and intelligent system, 2009, 1: 175-179.

[226] 施天娇，杨斌，朱小林．全渠道零售场景下配送车辆路径问题[J]．上海海事大学学报，2020，41(2)：51-57.

[227] 史俊妍．基于实时信息的动态取送货问题研究[D]．长春：吉林大学，2019.

[228] SIDDIQUI, A. W., VERMA, M. A bi-objective approach to routing and scheduling maritime transportation of crude oil [J]. Transportation Research Part D, 2015, 37: 65-78.

[229] SIERKSMA, G., TIJSSEN, G. A. Routing helicopters for crew exchanges on off-shore locations [J]. Annals of Operations Research, 1998, 76: 261-286.

[230] SILVA, M. M., SUBRAMANIAN, A., OCHIA, L. S. An iterated local search heuristic for the split delivery vehicle routing problem [J]. Computers

& Operations Research，2015，53：234-249.

[231]SIMONIN，G.，O'SULLIVAN，B. Optimisation for the ride-sharing problem：a complexity-based approach[J]. European Conference on Artificial Intelligence（ECAI），2014，263：832-836.

[232]SISWANTO，N.，ESSAM D.，SARKER，R. Solving the ship inventory routing and scheduling problem with undedicated compartments[J]. Computers & Industrial Engineering，2011，61：289-299.

[233]SONG，J. H.，FURMAN，K. C. A maritime inventory routing problem：Practical approach：Practical approach[J]. Computers & Operations Research，2010，40：657-665.

[234]孙丽君，胡祥培，王征．车辆路径规划问题及其求解方法研究进展[J]．系统工程，2006，24(11)：31-37.

[235]孙苏文．基于 C2B2F 模式的生鲜电商车辆路径规划研究[D]．镇江：江苏科技大学，2018.

[236]SUNGUR I，ORDONEZ F，DESSOUKY M. A robust optimization approach for the capacitated vehicle routing problem with demand uncertainty[J]. Iie Transactions，2008，40(5)：509-523.

[237]孙欣蕊，李昆鹏，刘腾博．考虑订单取件时间和柔性时间窗的取送货车辆路径问题[J]．运筹与管理，2022，31(7)：9-16.

[238]TAILLARD，É.，BADEAU，P.，GENDREAU，M.，et al. A tabu search heuristic for the vehicle routing problem with soft time windows[J]. Transportation Science，1997，31(2)，170-186.

[239]谭家美，徐瑞华．客户需求可分的车辆路径问题求解[J]．系统管理学报，2008，17(1)：43-46.

[240]TANG L X，WANG X P. Iterated local search algorithm based on very large-scale neighborhood for prize-collecting vehicle routing problem[J]. Interna-

tional Journal of Advanced Manufacturing Technology, 2006, 29: 1246-1258.

[241]唐慧玲，唐恒书，朱兴亮．基于改进蚁群算法的低碳车辆路径问题研究[J/OL]．中国管理科学：1-9[2021-06-10]. https://doi.org/10.16381/j.cnki.issn 1003-207x.2018.1405.

[242] TOTH, P., VIGO, D. The vehicle routing problem [M]. Philadelphia: SIAM, 2002.

[243] VOGEL, P., SAAVEDRA, B. A., MATTFELD, D. C. A hybrid metaheuristic to solve the resource allocation problem in bike sharing systems[J]. HM, 2014, 8457: 16-29.

[244] WANG C, MU D, ZHAO F, et al. A parallel simulated annealing method for the vehicle routing problem with simultaneous pickup-delivery and time windows[J]. Computers & Industrial Engineering, 2015, 83: 111-122.

[245] WANG J, ZHOU Y, WANG Y, et al. Multiobjective vehicle routing problems with simultaneous delivery and pickup and time windows: formulation, instances, and algorithms[Z]. 2015, 46, 582-594.

[246]王建伟，刘旭旭，付鑫，等．一种"效率—公平—运力"多维权衡的需求可拆分配送方法[J/OL]．交通运输系统工程与信息：1-11[2022-08-12]. http://kns.cnki.net/kcms/detail/11.4520.U.20220721.1938.008.html.

[247] WANG, X. Y., GOLDEN, B., WASIL, E., et al. min-max split delivery multi-depot vehicle routing problem with minimum service time requirement[J]. Computers & Operations Research, 2016, 71: 110-126.

[248] WANG, Y., MA, X. L., LAO, Y. T. Vehicle routing problem simultaneous deliveries and pickups with split loads and time windows [J]. Transportation Research Record, 2013, 2378: 120-128.

[249] WANG, Y., MA, X. L., LAO, Y. T., et al. A two-stage heuristic method for vehicle routing problem with split deliveries and pickups[J].

Comput & Electron, 2014, 15(3): 200-210.

[250]汪婷婷，倪郁东，何文玲．需求可拆分车辆路径问题的蜂群优化算法[J]. 合肥工业大学学报(自然科学版)，2014，37(8)：1018.

[251]王超，刘超，穆东，等．基于离散布谷鸟算法求解带时间窗和同时取送货的车辆路径问题[J]. 计算机集成制造系统，2018，24(3)：570-582.

[252]王超，穆东．基于模拟退火算法求解 VRPSPDTW 问题[J]. 系统仿真学报，2014，26(11)：2618-2623.

[253]王佳，符卓．综合客运枢纽接运公交线路优化设计[J]. 系统工程，2012，30(5)：101-106.

[254]王科峰，叶春明，唐国春．节点具有双重需求的车辆路径问题及其性质[J]. 系统科学与数学，2011，31(10)：1185-1196.

[255]王晓博，任春玉．多车场一体化集货送货车辆路径问题的混合遗传算法[J]. 运筹与管理，2010，19(6)：65-72.

[256]王旭坪，李新宇，张珺．考虑时空距离的异车型同时集送车辆路径优化[J]. 管理学报，2018，15 (6)：918-926.

[257]王旭坪，董杰，韩涛，等．考虑碳排放与时空距离的冷链配送路径优化研究[J]. 系统工程学报，2019，34(4)：555-565.

[258]王明阳，陈鑫，张丽华．带油耗的单车场开放式车辆路径问题研究[J]. 物流科技，2012，35(10)：18-21.

[259]王勇，黄秋彬，刘永，等．基于客户重要度的混合时间窗车辆路径问题研究[J]. 公路交通科技，2019，36(11)：151-158.

[260]王勇，罗思妤，周雪，等．多中心共同配送开闭混合式的车辆路径优化问题[J/OL]. 系统管理学报，2022：1-21.

[261]王征，胡祥培，王旭坪．行驶时间延迟下配送车辆调度的干扰管理模型与算法[J]. 系统工程理论与实践，2013，33(2)：378-387.

[262]王征，张俊，王旭坪．多车场带时间窗车辆路径问题的变邻域搜索算法[J]．中国管理科学，2011，19(2)：99-109.

[263]温真真．需求可拆分车辆路径问题的迭代局部搜索算法研究[D]．北京：北京交通大学，2015.

[264]WILCK IV，J. H.，CAVALIER，T. M. A construction heuristic for the split delivery vehicle routing problem[J]. American Journal of Operations Research，2012a，2：153-162.

[265]WILCK IV，J. H.，CAVALIER，T. M. A genetic algorithm for the split delivery vehicle routing problem[J]. American Journal of Operations Research，2012b，2：207-216.

[266]吴腾宇，陈嘉俊，蹇洁，等．O2O 模式下的配送车辆实时取送货路径选择问题[J]．系统工程理论与实践，2018，38(11)：2885-2891.

[267]夏小云，庄鹤林，杨火根，等．自适应大邻域搜索的人工蜂群算法求解带容量约束车辆路径问题[J/OL]．计算机集成制造系，2021：1-19.

[268]夏扬坤，邓永东，庞燕，等．带客户分级和需求可拆分的生鲜车辆路径问题[J]．计算机集成制造系统，2021，27(4)：1238-1248.

[269]夏扬坤，符卓．带软时间窗的连锁超市配送车辆路径问题[J]．信息与控制，2018，47(5)：599-605.

[270]向婷，潘大志．求解需求可拆分车辆路径问题的聚类算法[J]．计算机应用，2016，36(11)：3141-3145.

[271]熊浩，鄢慧丽．需求可拆分车辆路径问题的三阶段禁忌算法[J]．系统工程理论与实践，2015，35(5)：1230-1235.

[272]修睿，黎莎，计明军．多 LNG 点供企业联合配送的半开放式车辆路径问题[J]．大连海事大学学报，2021，47(2)：126-135.

[273]XU，D Y，LI K P，ZOU X X，et al. An unpaired pickup and delivery vehicle routing problem with multi-visit[J]. Transportation Research Part

E：Logistics & Transportation Review，2017，103：218-247.

[274]徐翔斌，任晨昊．考虑车辆限行和装箱约束的车辆路径优化方法[J]．交通信息与安全，2021，39(3)：77-84.

[275]XU，Y. C.，WANG，L.，YANG，Y. X. A new variable neighborhood search algorithm for the multi depot heterogeneous vehicle routing problem with time windows[J]. Electronic Notes in Discrete Mathematics，2012，39：289-296.

[276]徐东洋，李昆鹏，崔利刚，等．供需未匹配的多车场多车型多商品可拆分取送货车辆路径问题[J]．中国管理科学，2021，29(1)：127-137.

[277]徐静．多时间窗的多车场同时取送货车辆路径问题研究[J]．管理科学与工程，2018，7(2)：125-131.

[278]YAN，S. Y.，CHU，J. C.，HSIAO，F. Y.，et al. A planning model and solution algorithm for multi-trip split-delivery vehicle routing and scheduling problems with time windows[J]. Computers & Industrial Engineering，2015，87：383-393.

[279]闫芳，郇珂，陈凯．考虑碳排放的需求可拆分车辆路径问题模型及算法研究[J]．数学的实践与认识，2019，49(18)：40-49.

[280]杨鹏，邹浩，徐贤浩．带时间窗集送货需求可分车辆路径问题的改进蚁群算法[J]．系统工程，2015，33(9)：58-62.

[281]杨亚璪，靳文舟，郝小妮，等．求解集送货可拆分车辆路径问题的启发式算法[J]．华南理工大学学报(自然科学版)，2010，38(3)：58-63.

[282]殷亚，张惠珍．求解带硬时间窗的多目标车辆路径问题的多种混合蝙蝠算法[J]．计算机应用研究，2017，34(12)：3632-3636.

[283]YU，V，F.，LIN，S. W. Multi-start simulated annealing heuristic for the location routing problem with simultaneous pickup and delivery [J]. Ap-

plied Soft Computing，2014，24：284-290.

[284]余海燕，唐婉倩，吴腾宇．带硬时间窗的O2O生鲜外卖即时配送路径优化[J]．系统管理学报，2021，30(3)：584-591.

[285] YULIZA EVI，PUSPITA F. M. The branch and cut method for solving Capacitated Vehicle Routing Problem (CVRP) model of LPG gas distribution routes[J]. Science and Technology Indonesia，2019，4(4)：105-108.

[286]张烜荧，胡蓉，钱斌．超启发式分布估计算法求解带软时间窗的同时取送货车辆路径问题[J]．控制理论与应用，2021，38(9)：1427-1441.

[287]ZIAUDDIN URSANI，DARYL ESSAM，DAVID CORNFORTH，et al. Localized genetic algorithm for vehicle routing problem with time windows [J]. Applied Soft Computing Journal，2011，11(8)：5375-5390.

[288]张江华，李进，高敏刚．同时集散货物的开放式车辆路径问题研究[J]．中国管理科学，2013，21(4)：187-192.

[289]张瑾，毕国通，戴二壮．双目标冷链物流车辆路径问题及其遗传蚁群求解[J]．科学技术与工程，2020，20(18)：7413-7421.

[290]张景玲，冯勤炳，赵燕伟，等．基于强化学习的超启发算法求解有容量车辆路径问题[J]．计算机集成制造系统，2020，26(4)：1118-1129.

[291]张敏．基于中国邮递员问题的图书配送线路优化[J]．物流技术，2012，31(23)：320-322.

[292]张庆华，吴光谱．带时间窗的同时取送货车辆路径问题建模及模因求解算法[J]．计算机应用，2020，40(4)：1097-1103.

[293]ZHAO F，LI S，SUN J，et al. Genetic algorithm for the one-commodity pickup-and-delivery traveling salesman problem[J]. Computers & Industrial Engineering，2009，56：1642-1648.

[294]ZHAO，F. G.，LI，S. J.，SUN，J. S.，et al. Genetic algorithm for the one - commodity pickup - and - delivery traveling salesman problem [J].

Computers & Industrial Engineering, 2009, 56: 1642-1648.

[295]张晓楠，范厚明．求解带时间窗车辆路径问题的混合 Memetic 算法[J]．运筹与管理，2021，30(7)：128-135.

[296]赵志学，李夏苗，周鲜成．考虑拥堵区域的多车型绿色车辆路径问题优化[J]．计算机应用，2020，40(3)：883-890.

[297]ZHOU HANG，QIN HU，ZHANG ZI ZHEN，et al. Two-echelon vehicle routing problem with time windows and simultaneous pickup and delivery [J]. Soft Computing，2022，26(7)：3345-3360.

[298]周红，朱瑾．基于改进分支定价算法的 ASC 车辆路径问题[J]．制造业自动化，2021，43(11)：73-80.

[299]周晓晔，马小云，崔瑶，等．单线超市车辆配置与路径问题优化研究[J]．工业工程，2020，23(6)：83-88.

